KB266485

스님의 필사책

흐트러진 마음을 하나로 모아 주는 부처님 말씀

스님의 필사책

정운 편역

유노
북스

이 세상 존재들이여,
모두 행복하라!

대략 2년 전부터 서점에 필사책이 등장했다. 점차 몇 권의 필사책이 나오면서 서점가에서 인기가 있었다. 처음 필사책이 등장했을 때, 의아했다. 불교에서는 '필사筆寫'라고 하지 않고 '사경寫經'이라고 하는데 2,000여 년 동안 수행의 하나로 실천되고 있었기 때문이다.

사경이란 경전 내용을 그대로 베껴 쓰는 것이다. 당연히 불경의 사경 책자가 불교계 출판사에서 수십여 년 전부터 출판되고 있으며, 불자들에게 기도용으로 쓰이고 있었다. 그 대표 경전이 《법화경》·《금강경》·《유마경》·《화엄경》 등이다.

이 경전에서 공통으로 언급하고 있는 수행 방법에 다섯 가지가 있는데, 이 다섯 가지를 5종 수행五種修行이라고 한다.

첫째, 믿음으로 부처님의 진리를 따르겠다는 마음가짐 '수지受持'.

둘째, 경전을 되풀이하여 읽는 '독경讀經'.

셋째, 암기된 경전 문구를 외우는 '송경誦經'.

넷째, 타인에게 부처님의 진리를 전달하는 '해설解說'.

다섯째, 경전 내용을 그대로 베껴 쓰는 '사경寫經'.

이와 같이 다섯 번째가 필사인 사경이다.

우리나라는 통일신라 때부터 사경을 하였다. 《신라백지묵서대방광불화엄경》은 국보 제196호이다. 이렇게 신라 때부터 불상을 모시거나 탑을 모실 때 사경한 경전을 그 안에 넣어 모셨다. 이를 '법 사리'라고 하는데 부처님 말씀이 쓰인 경전이 석가모니 부처님의 사리와 똑같다는 뜻이다. 지금도 불상이나 탑을 해체 복원하는 과정에서 문화재(사경한 종이)가 종종 발견되고 있다.

고려 말기에는 사경이 유행했고, 원나라에 사경하는 승려를 파견하기도 하였다. 또 고려 중후기에 거란과 몽골이 쳐들어왔을 때 국난 극복을 위해 방책으로 팔만대장경을 조성한 것도 목판에 사경한 것이라고 볼 수 있다. 그 결과가 세계문화유산인 해인사 팔만대장경이다. 불교에서 이렇게 사경이 발전한 데는 기도 방법이기도 했지만, 경전을 후손들에게 전해 널리 보급되기를 바라는 데 있었다.

하여튼 불교에서 2,000여 년간 지속되어 온 수행법을 떠나 많은 사람이 필사를 통해 마음의 평온과 안정을 찾는다면 이보다 더 좋은 일이 어디 있겠는가?

솔직히 이렇게 사경에 관한 언급을 하고 있지만, 나는 사경 기도를 별도로 하지 않는다. 1992년 컴퓨터가 보급된 때부터 필자는 컴퓨터를 사용했다. 물론 대학에서 과제 제출을 하는 점도 있었지만, 이보다 더 중요하게 한 일이 있었다. 컴퓨터 자판으로 경전을 입력하기 시작했다. 사경 기도하는 마음으로 했던 작업이었다. 경전이 한자가 대부분인데 그 한자를 입력하였고, 경전 관련 저서는 모두 필자가 직접 컴퓨터 자판을 두드린 것이다. 필자가 특별하게 사경하는 기도라고 한다면 '석가모니불, 아미타불' 등 부처님 명호를 직접 종이에 쓰는 일이다. 어떤 형식에 구애받지 않고 중간중간 틈나는 대로 적는 일이 나의 사경이다. 이렇게 하면서 마음을 점검하였다.

이 책은 《법구경》·《숫타니파타》·아함부경전·《금강경》의 구절로 이루어졌다. 《법구경》·《숫타니파타》는 짧은 시 구절(게송)로 되어 있다. 게다가 마음공부와 관련되어 있어 불자가 아닌 이들도 어렵지 않다. 그런데 대승 불교 경전들은 대체로 어려운 불교학과 신앙적인 측면이 강하다. 또한 대승 불교 경전은 한자를 우리나라 말로 번역한 것으로 불자가 아닌 분들은 이해가 쉽지 않다. 이에 《금강경》은 필사를 하기 좋도록 재구성할 수밖에 없었다. 독자님들께서 이 점을 이해하였으면 한다.

스님들이 살아가는 방법은 다양하다. 오롯이 참선하는 선사, 계율에 철저한 율사, 불교학을 하는 학승이며 강사, 포교하는 스님, 예술을 지향하는 스님, 사찰 음식을 발전시키는 스님 등 스님에게 다양한 길이 있다. 필자는 글 쓰는 작가 일을 한 지 25년, 불교학 강의를 하는 강사로서 강의한 지도 30년이다. 작가이든 강사이든 필자가 승려의 삶을 선택한 건 '신의 한 수'였다.

조선 500년의 불교는 숭유억불崇儒抑佛 정책으로 고려 시대에 비해 퇴보하였다. 근대를 거치면서 불교는 구시대의 유물처럼 사람들에게 인식되었다. 그런데 현대로 들어서 불교도 발전했지만, 한국인들에게 가장 위안을 주는 평화로운 종교로 조사되었다. 게다가 근자에 '핫 불교'라고 하여 젊은 층의 불교에 대한 호감도가 높아지고 있다. 고무적인 일이다.

필자가 전공이나 경전 관련 책을 20여 권 출판하면서 주어진 길로 여기었다. 그런데 근자에는 생각이 달라졌다. 부처님 말씀이 불자들의 전유물이 아닌 많은 분과 공유되어야 하고, 서지학적 차원에 머물러서는 안 되며, 부처님 말씀이 현대적인 용어로 전환되어야 한다는 점이다. 이에 이제까지 승려로서 공부한 불교를 만인의 진리로 어떻게 전할 것인지를 고민하는 터이다.

이런 즈음 불경의 진리가 담긴 필사책을 통해 수많은 이에게 희망과 행복을 전할 수 있나니, 내 인생 최고의 기쁨이다. 이 필사책을 접하는 이들에게 밝은 기운이 깃들길 간절히 발원한다.

2026년 만물이 소생하는 따스한 봄날.
북악산 북촌불교문화원, 정운

불교에 대한 이해

　불교는 초기 불교와 대승 불교로 나뉜다. 불경은 어느 종교의 경전과 비교하든 대략 100배가 넘는다고 해도 과언이 아니다. B.C. 6세기 석가모니 부처님이 살아 계실 때를 포함해서 기원전 1세기까지를 '초기 불교'라고 한다[부파 불교 포함]. 다시 기원전 1세기 무렵, 부파 불교의 부족한 점을 비판하며 등장한 사상이 대승 불교이다. 현재 초기 불교는 미얀마·태국·스리랑카·캄보디아 등을 중심으로 발전되고 있으며, 대승 불교는 중국·한국·일본·티베트·베트남 등을 중심으로 발전되고 있다.

　초기 불교 경전이란 이 책 내용인 《숫타니파타》·《법구경》·아함부 경전 등이 대표 경전이며, 대승 불교 경전이란 《금강경》·《유마경》·《법화경》·정토부 경전·《열반경》 등이다. 그 이외 대승 불교에 속한다고 할 수 있는 어록이 발전되어 있다. 어록은 선사들의 수행 경험이나 제자들 교육 방법 등 다양하다. 어록은 경전만큼 방대한 양이다.

왜 불교를 어렵다고 하는가?

첫째, 2,600여 년간 불교가 흘러오는 동안 경전과 계율뿐만 아니라 논 장論藏이 발전되었다.

즉 수많은 논사들에 의해 다양한 불교학과 수많은 논리가 전개되었다. 같은 불교학자끼리도 자기 전공이 아니면 이해하기 어려울 정도로 방대하게 불교학이 발전되어 있는 현실이다.

둘째, 나라별로 불교가 다양하게 발전되었다.

특히 대승 불교는 중국에서 5세기부터 11세기까지 크게 발전되었다. 즉 남북조 시대부터 당나라 말기까지 여러 종파가 형성되었다[대표가 8 종]. 이때 형성된 종파가 한국·일본에 전파되었다. 이 가운데 가장 큰 종 파는 우리나라와 일본을 포함해 선종禪宗의 발전이다. 현 우리나라 불교 의 장자 격인 조계종은 선종이다.

셋째, 불교가 어렵다고 보는 데는 불교의 두 가지 양상 때문이다.

불교의 믿음은 자력自力적인 측면과 타력他力적인 측면으로 나뉜다. 자 력이란 수행[명상]해서 부처가 되는 것을 말하는 것으로, 곧 해탈을 말 한다. 타력이란 부처님께 기도해서 자신이 소원하는 바를 원하고자 하 는 신앙적인 측면이다. 어느 나라 불교이든 자력과 타력, 모두 공존한 다. 정토 신앙과 관음 신앙[타력 신앙] 등을 제외하고 경전 내용은 자력 적인 사상이 강조되어 있다.

넷째, 2,600여 년 동안 각 나라로 불교가 전파되면서 그 나라의 독특한 사상과 결합된 점이 있다.

불교의 근본인 알맹이는 변질되지 않았지만, 그 나라의 민속 신앙과 습합된 경우도 있다. 특히 티베트·일본 등이 두드러지는데, 필자 소견으로는 어느 나라이든 비슷한 양상이다. 서양은 티베트 불교가 크게 발전되어 있는데, 우리나라에 번역본이 많이 등장하고 있다.

다섯째, 우리나라 사람들이 불교가 어렵다고 하는 가장 큰 요인은 경전이 한문으로 번역되어 있어서다.

부처님 사상이지만, 한자로 번역되면서 중국인의 문화가 들어가지 않을 수 없었다. 현재 우리나라는 한자어로 된 경전을 독송하고 기도한다. 그러니 불자가 아닌 분들이 당연히 불교를 어렵다고 볼 것이다. 게다가 서당을 다니며 한자를 공부한 세대가 아닌 사람들은 한문 투의 불경이 어렵다고 보는 것이 당연하다.

우리나라는 대승 불교 국가로서 다양한 불교 종파와 학문이 중국으로부터 유입되었다. 신라 말기에서 고려 초기까지 무상·원효·의상·원측·혜초 등 동아시아에 이름을 떨친 승려들이 많았다. 현재는 나말여초에 선종이 유입되면서 선禪을 중심으로 발전하였다. 필자가 출가한 무렵에는 《법구경》·《아함경》 등 초기 불교의 대표 경전들이 발전되지 못했으며, 대학에서도 대승 불교 사상이나 선 관련 전공 수업이었다.

그런데 20여 년 전부터 동남아시아와 유럽에서 공부하고 돌아온 초기 불교학자들이 많아졌으며, 더불어 위빠사나 수행자들도 매우 많다. 게다가 달라이라마·틱낫한 책을 넘어서 미국·유럽으로부터 명상 관련 책자가 쏟아지고 있는 현실이다.

　현재 우리나라는 모든 불교가 공존한다. 그러면서 자연스럽게《법구경》·《숫타니파타》·아함부 경전 등에 관심도가 높아졌다. 무엇보다도 현대인들의 생활에 나침반 역할을 해 줄 내용이 많아서인데, 이 필사책에《법구경》·아함부 경전 내용을 편역한 이유이다.

2장.

모든
존재를
너그럽게
바라보라

자비와 사랑으로
마음을 넓히는
부처님 말씀

❀ 정운스님의 마음 마당 ❀

❀ 정운스님의 마음 마당 ❀

3장.

사람과
더불어
지혜롭게
살아가라

**관계 속에서
중심을 잡는
부처님 말씀**

❀ **정운스님의 마음 마당** ❀
결혼과 행복의 접점 · 140

❀ **정운스님의 마음 마당** ❀
사람의 운명을 바꾸는 그 한마디 · 166

1장

마음을 먼저 고요히 하여라

흔들리는 마음을 가라앉히는
부처님 말씀

자기를 다스리는 사람이 가장 지혜롭다

활 만드는 사람이 화살을 잘 다루고
뱃사공이 배를 잘 손질하며
훌륭한 목수가 나무를 잘 다루듯이
지혜로운 사람은 자기를 잘 다룬다.

말을 명마로 길들이는 것처럼
몸의 감각 기관을 잘 다스려 탐욕을 절제하라.
교만하지 않고 겸손하다면
하늘의 신들조차 그대를 존경할 것이다.

지혜로운 사람은 급히 서두르지 않고
조용히 꾸준하게 노력해 나아간다.
마치 금 세공사가 불순물을 제거하듯이
마음의 때를 천천히 제거해 간다.

《법구경》

02

붙잡을 마음은 어디에도 없다

과거의 마음도 알 수 없고

현재의 마음도 알 수 없으며

미래 마음도 알 수 없거늘

과거 · 현재 · 미래, 어느 지점에

마음이 존재하고 있습니까? [점심點心]

《금강경》

붙잡을 마음은 어디에도 없다

1장 · 마음을 먼저 고요히 하여라

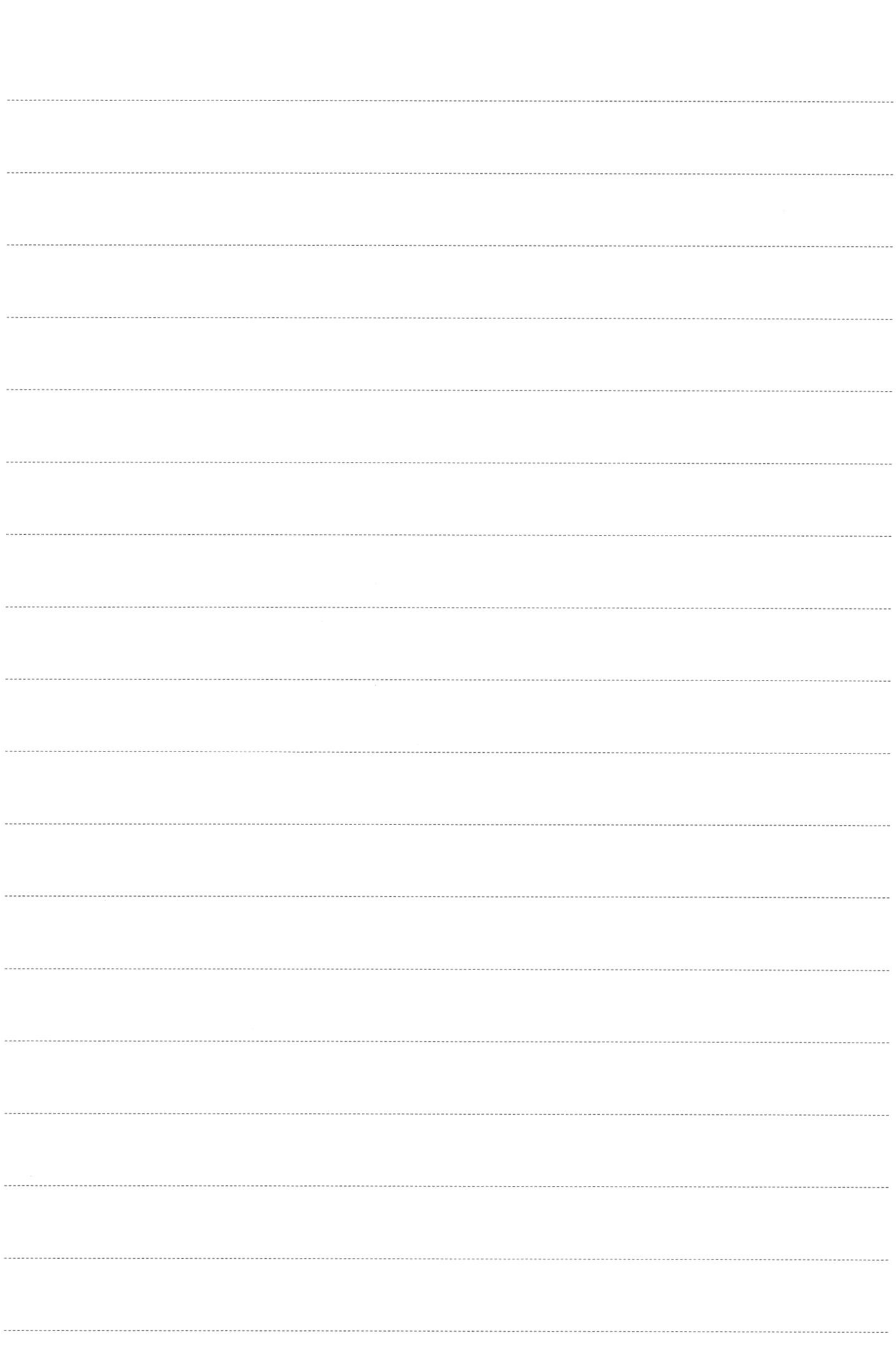

욕심이 많을수록 괴로움도 많다

탐욕이 많은 사람은 그 탐욕만큼 고통과 고뇌가

발생한다는 사실을 잊지 말라.

반면 탐욕이 적은 사람은 고통과 고뇌가

덜 발생하는 법이다.

그러니 탐욕을 줄이도록 하라.

명예·재물 등 탐욕이 적을수록 사람들에게 칭송받고

사람들과 다툴 일도 줄어든다.

욕심을 부리지 않으니, 상대에게 아첨할 일이 없다.

욕심내지 않으니 슬픔과 두려움이 없고, 마음이 평온해지며,

여유가 있고, 항상 만족스럽다.

《유교경》

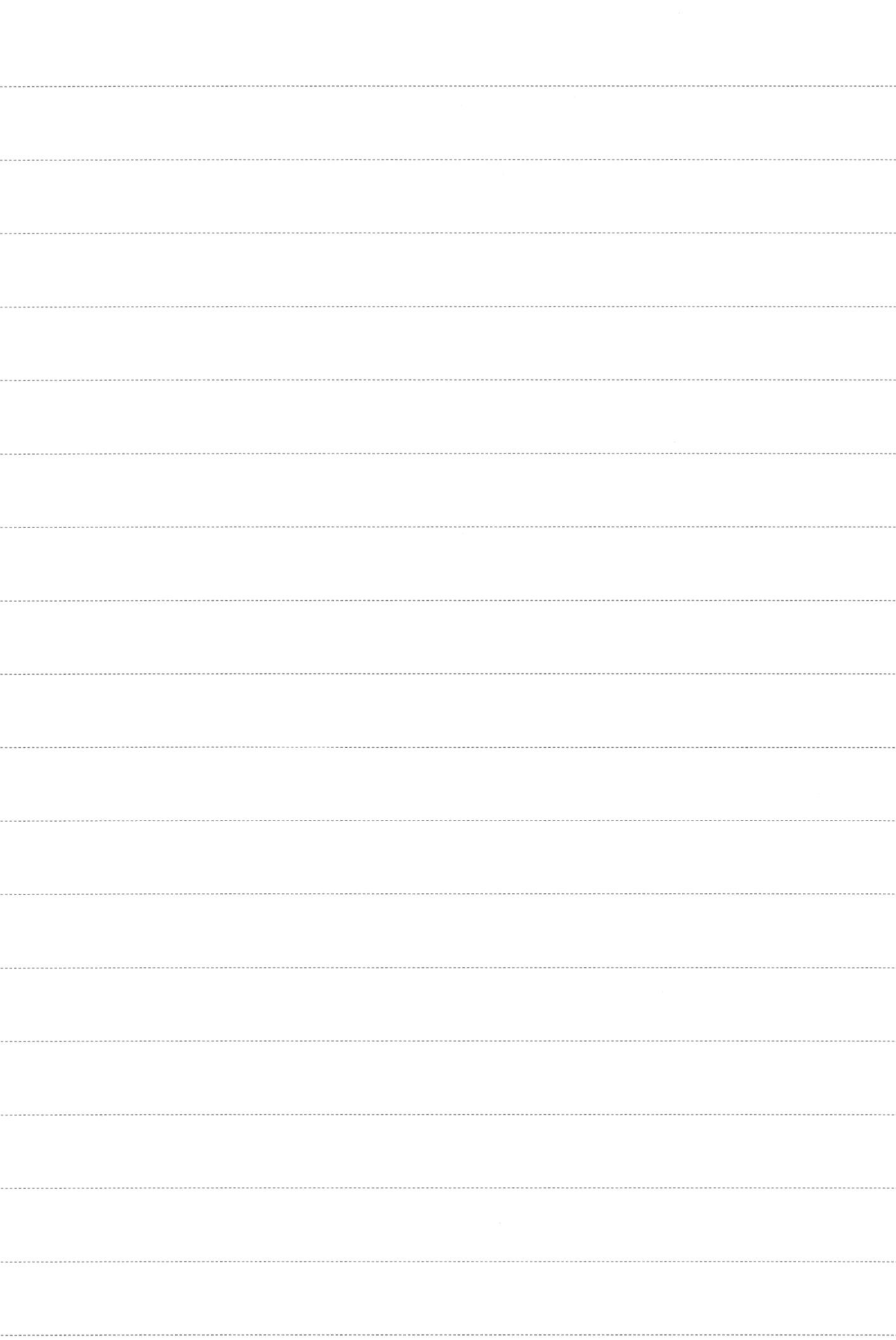

마음의 행간에 탐욕이 스며들지 않게 하라

허술하게 이은 지붕에 비가 새는 것처럼

마음 곳곳을 살피지 않으면, 그 마음에 탐욕이 스며든다.

촘촘히 꼼꼼하게 잘 이은 지붕에 비가 쏟아져도

빗물이 스며들지 않는 것처럼

마음 곳곳을 잘 살피는 사람에게는 탐욕이 스며들지 않는다.

자기야말로 자기 자신의 주인이다.

남이 어떻게 나의 주인이 되겠는가?

자기 이외 어느 누구도 그대의 주인이 될 수 없다.

《법구경》

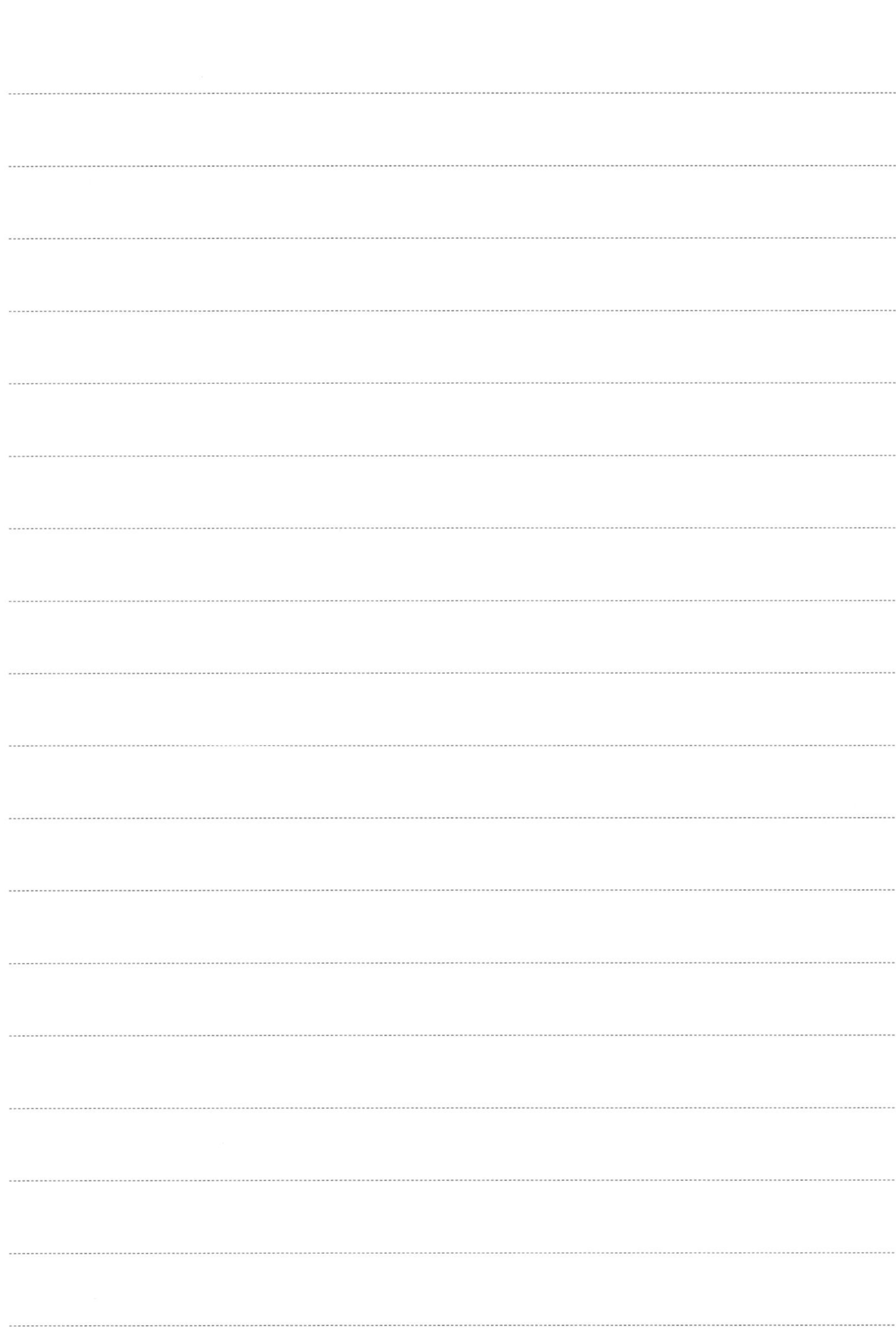

샘물은 마를지언정 탐욕은 마르지 않는다

탐욕을 멈추지 않는다면
하늘에서 수많은 보물이 떨어져도 만족하지 않는다.
탐욕으로 일어난 마음을 잘 살펴야 행복한 삶이 전개된다.
끊임없이 솟아나는 탐욕심을 제어한다면
장밋빛 인생이 펼쳐질 것이다.

하늘에서 금·진주·다이아몬드 같은 보석이 쏟아진다 해도
인간의 욕심은 채워지지 않는다.
인생에 즐거움은 잠깐이요, 괴로움이 많은 법.
지혜로운 사람은 이 점을 잘 알고, 지혜롭게 살아간다.

마음이란 존재는 안정되지 못하고
변덕스러워 종잡을 수 없다.
지혜로운 사람이라면
마음의 변덕스러운 성향을 잘 살펴서
재앙을 돌이켜 복이 되도록 만든다.

《법구경》

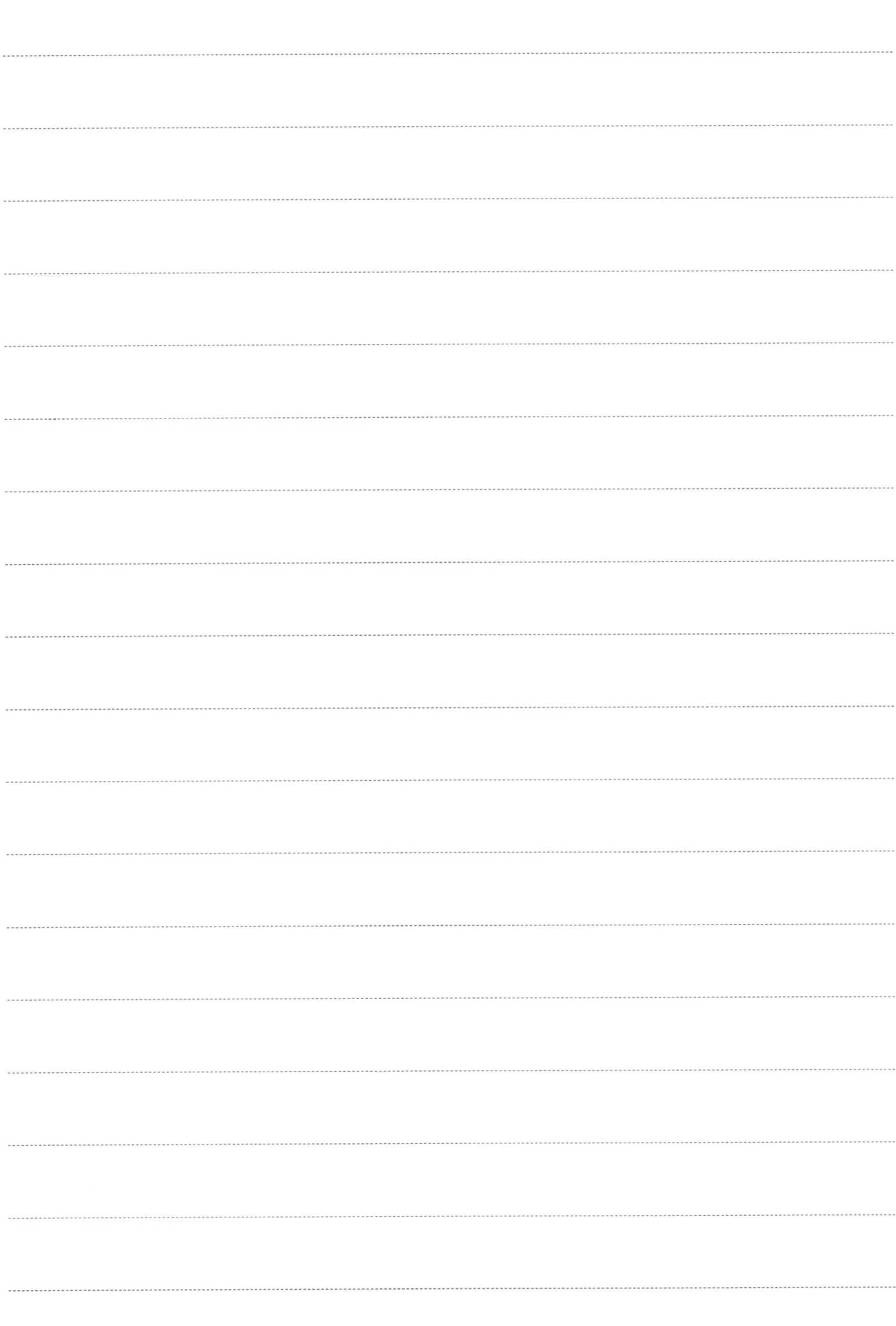

06

천국과 지옥은 마음이 만들어 낸다

고뇌에서 벗어나려면 만족할 줄 알아야 한다.

만족할 줄 아는 사람은

비록 맨땅 위에 누워 있어도

편안하고 즐거운 천국처럼 생각한다.

반면 만족할 줄 모르는 사람은

천국에 있어도 지옥이라고 불평한다.

만족할 줄 아는 사람은

비록 가진 것이 없어도 행복하다고 여기며

부유하다고 생각한다.

반면 만족할 줄 모르는 사람은

가진 것이 많아도 늘 가난하다고 신세 한탄한다.

그러니 적은 소유에도 만족할 줄 알아야 한다.

《불유교경》

07

욕심을 줄이고 만족하려고 노력하라

부처님의 제자 천안제일 아나율 스님이 조용히 사유한 뒤에 말했다.

"수행자는 가진 것에 만족할 줄 알아야 합니다.

탐욕심을 떨쳐내야 합니다.

고요한 곳에 머물러 마음에 평온을 유지해야 합니다.

진리가 설해지는 곳이라면 어디든 가서 경청해야 합니다.

주어진 현실을 극복하며 노력하는 것입니다."

부처님께서는 특히 아나율 스님의

만족할 줄 아는 마음과

탐욕심 떨쳐내는 것을 칭찬하셨다.

《증일아함경》

08

걱정이 없으면 얼굴빛도 환하다

어느 날 하늘의 천자가 부처님을 찾아왔다.

부처님 계시는 곳에 광명의 빛줄기가 비추어 주위가 밝게 빛났다.

천자가 부처님께 여쭈었다.

"승려들은 대중과 떨어져 고요한 숲속에서 수행하며

하루 한 끼밖에 먹지 않는데 어찌하여 얼굴이 그렇게 환하십니까?"

부처님께서 말씀하셨다.

"지나간 일을 걱정하지 않고

앞으로 어떤 일이 발생할지를 근심하지 않으며

현재의 마음에 머물러 평온하기 때문이다.

먹는 것에도 집착하지 않기 때문에 얼굴빛이 환한 것이다.

미래를 걱정하거나 과거를 돌아보며

스스로를 괴롭히는 것은 어리석은 일이다.

마치 불로 스스로를 태우는 것과 같고

우박이 초목을 때리는 것과 같은 이치이다."

《잡아함경》

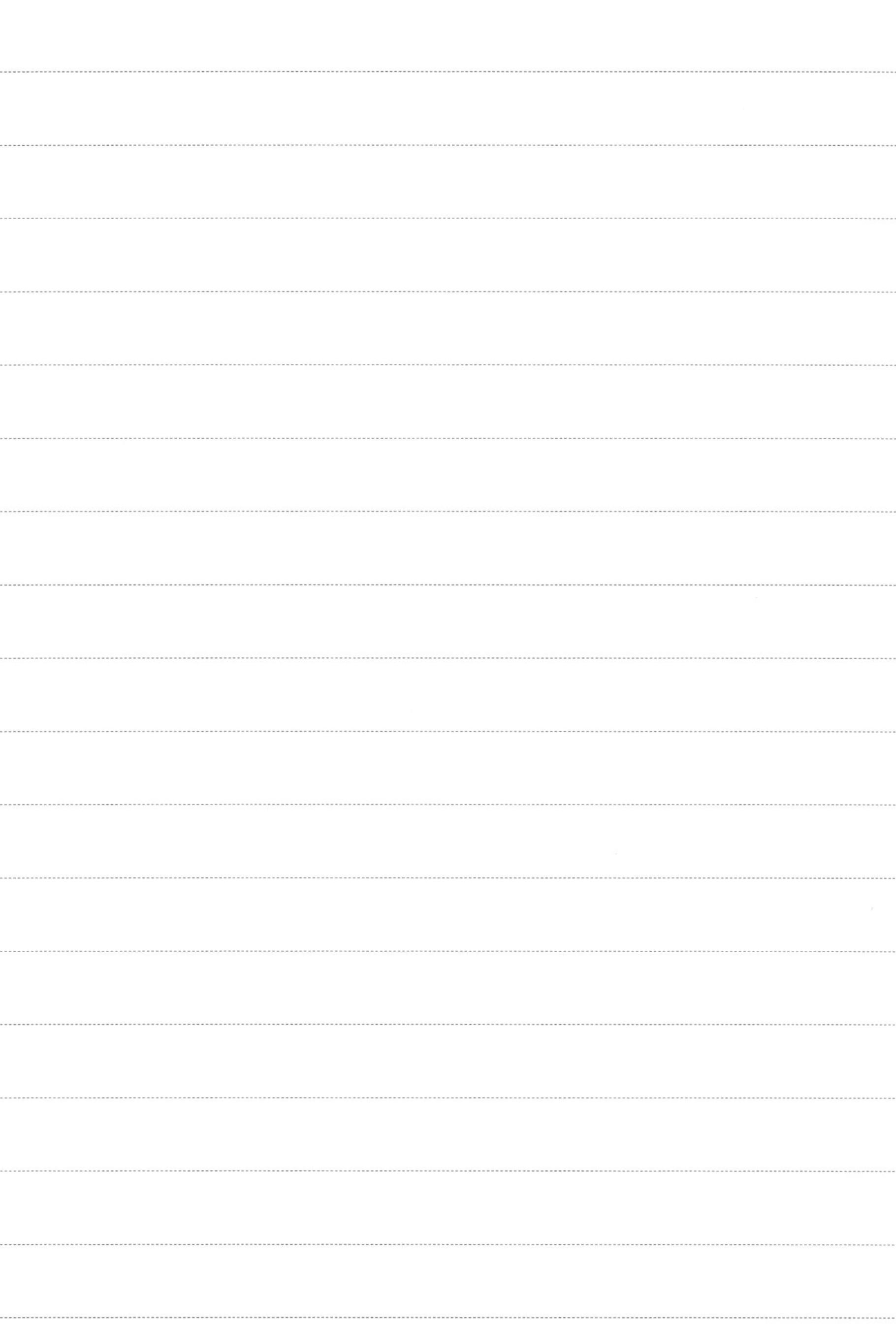

09

삶에는 참된 복이 있다

건강은 가장 큰 은혜요,

만족은 가장 큰 재산이다.

신뢰는 가장 큰 벗이요,

깨달음은 가장 큰 기쁨이다.

어머니가 살아 있는 것은 즐거운 일이요,

아버지가 계시는 것 또한 즐거운 일이다.

스승을 섬기는 일도 행복한 일이요,

세상에 배울 진리가 있다는 것 또한 행복한 일이다.

《법구경》

10

큰 바위는 바람에 흔들리지 않는다

큰 바위가 바람에 흔들리지 않는 것처럼

지혜로운 사람은 어떤 칭찬과 비방에도 흔들리지 않는다.

이런 사람은 어떤 일에서도 마음이 한결같다.

즐거운 일이 생기든 괴로운 일이 생기든

그 어떤 일에도 연연해하지 않는다.

마음이

대지처럼 관대하고

태산처럼 굳건하며

칭찬과 비난, 그 어떤 일에도 동요하지 않는 사람!

이런 사람이

인생의 승리자이다.

《법구경》

기적은 매일 일어난다

얼마 전 문제 학생을 상담해 주는 방송을 보았다. 중학교 2학년 남학생의 이야기였다.

이 학생은 영재로 촉망받는 모범생이었다. 그런데 어느 날부터 학교에 가지 않고, 씻지도 않으며, 어두운 방 안에서 인터넷 게임에만 몰두했다. 이 생활이 아홉 달이나 계속되면서 유급당하기 일보 직전이었다. 이 아이에게는 일곱 살 어린 여동생이 있었다. 그런데 이 남매에게는 말 못할 사연이 있었다.

열 달 전, 어머니가 음주 운전 차량에 치여 세상을 떠난 것이다. 사고 순간 어머니는 어린 딸을 끌어안고 있었기에 아이는 다치지 않았다. 하지만 그 아이는 "나 때문에 엄마가 죽었다"고 생각하며 죄책감에 시달리고 있었다.

방송에서는 연극 치료를 통해 아이가 배우로 등장한 '엄마'를 만나게 했다. 그 순간 아이는 그동안 쌓아 두었던 슬픔을 터뜨리며 울음을 쏟아 냈다. 방송 패널들까지 눈물을 흘릴 만큼 안타까운 장면이었다.

나는 어린 시절 버스나 택시에서 자주 보던 그림이 떠올랐다. '오늘도 무사히'라는 글 아래 하얀 잠옷을 입은 아이가 두 손을 모아 기도하는 그림이었다. 영국 화가 조슈아 레이놀즈가 그린 예언자 사무엘의 모습이다.

요즘 뉴스를 보면 사건과 사고가 끊이지 않는다. 많은 사람이 다치거나 목숨을 잃는 일이 계속 일어난다. 그러니 '오늘도 무사하게 살았다는 것'이야말로 기적이다. 우리는 이를 너무 당연하게 여기는 것이 아닌가 싶다.

나는 사찰에서 법문할 때, 종종 이런 말을 한다.

"부처님을 믿고 열심히 기도하면서 바라는 것도 많고, 원하는 것이 많을 겁니다. 어떤 기도를 하든 부처님께 너무 많은 것을 바라지 마십시오. '큰돈이 생기게 해 달라', '직장에서 승진하게 해 달라', '아들이 좋은 대학에 붙게 해 달라'는 등 소원을 빌면서 기도하지 마십시오. 혹 소원대로 되었다고 해도 이것은 기도 성취가 아닙니다. 그러면 기도가 성취되는 것은 무엇일까요? 자신을 비롯해 가족 모두 사고당하지 않고 집에 무사히 돌아와 온 가족이 함께 저녁 식사 할 수 있으면, 그것이 바로 기도 성취요, 기적입니다."

어머니를 잃은 그 남매를 떠올려 보면 이 말이 더욱 절실하게 다가온다. 오늘 하루 무사히 보냈다면 그 자체만으로 감사한 일이다. 좋지 않은 일을 겪지 않고, 가족이 무사히 집으로 돌아와 함께 식사한다면, 그날은 기적이 일어난 날이다.

욕심내지 말고, 소박한 하루에 만족하자. 그리고 감사하자.

11
자기를 이기는 것이 가장 큰 승리다

쇠 스스로에서
생긴 녹이 쇠를 갉아 먹듯이
자신이 만든 악행이
자기 스스로를 망치게 한다.

전쟁터에서 수천의 적군과 싸워 이기는 것보다
자기 한 사람을 정복한 사람이 가장 위대한 승리자다.

남을 이기는 것보다 오직 자기 한 사람을 이겨야 한다.
그러니 무엇보다도 자기를 잘 다스린다면
마침내 인생에서 대자유를 얻게 될 것이다.
승리자에게
설령 천왕·건달바·악마·범천이 다가와 해치려고 해도
그를 이길 수 없다.

《법구경》

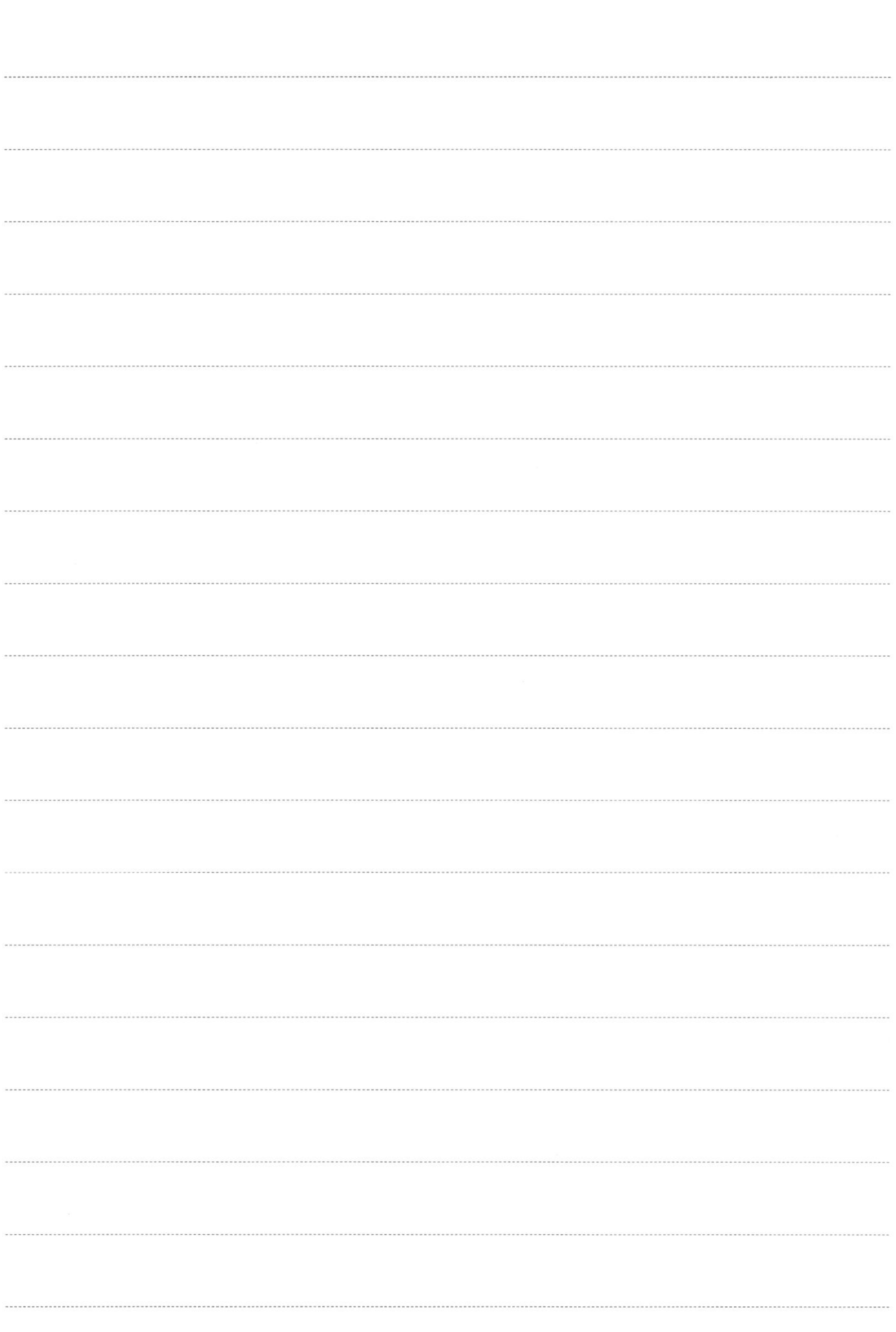

12

연꽃잎에 물이 묻지 않는 것처럼, 마음 써라

사람들은 '나의 것'이라고 집착한 그 물건 때문에 괴로워한다.

'나의 것'이라고 생각하는 그 물건이란 영원하지 않다.

이 세상 모든 것은 변하게 되어 있고,

언젠가는 사라지는 것임을 분명하게 알아야 한다.

진리를 터득한 사람은

어느 것, 어떤 것에 머물러 집착하지 않는다.

사랑하거나 미워하지도 않는다.

또 슬퍼하지도 않고, 인색하지도 않다.

마치 연꽃잎에 물이 묻지 않는 것처럼.

《숫타니파타》

생각으로 자신을 괴롭히지 말라

과거에 있었던 번뇌로운 일들에 집착하지 말라.

미래에 일어날 일에 대해서도 염려하지 말라.

지금 이 순간 그대가 어떤 것에 집착하지 않는다면

그대는 평온을 찾은 사람이다.

마음이 침체되어서는 안 된다.

또한 쓸데없는 생각으로 자신을 괴롭히지 말라.

걸림 없이 살려고 노력하고

청정하게 살려고 노력하는 것을

궁극적인 의지처로 삼아라.

《숫타니파타》

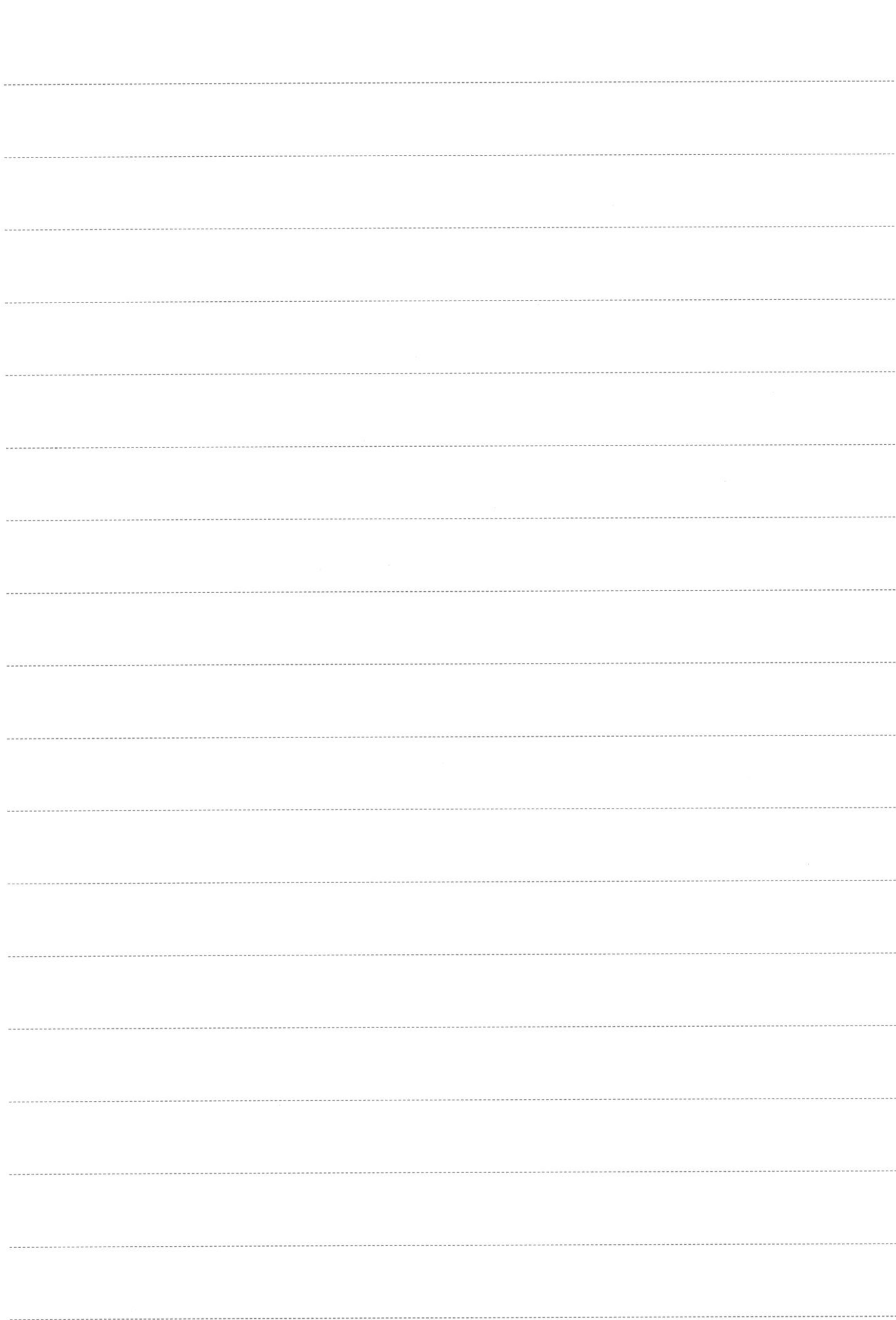

교만과 자만심을 내려놓아라

사람들이 그대를 존경한다고 우쭐대거나 자만하지 말고

비난을 받았다고 그 상대에 보복하거나 앙심을 품지 말라.

주위 사람들로부터 대접받거나 존경받더라도

교만한 마음을 내어서는 안 된다.

안팎으로 진리를 배우도록 하여라.

그러나 진리를 모두 알았다고 해서 자만해서는 안 된다.

진리에 도달한 사람은 자신을 깨달은 성자라거나

부처님께 축복받은 사람이라고 자랑하지 않는다.

어떤 것에 대해서도 편견과 선입견, 분별심을 내지 말라.

덧없는 세상에 더 머물려고 하지 말라.

이렇게 깊이 생각하며 부지런히 정진하는 사람은

'내 것'이라는 생각을 갖지 않는다.

《숫타니파타》

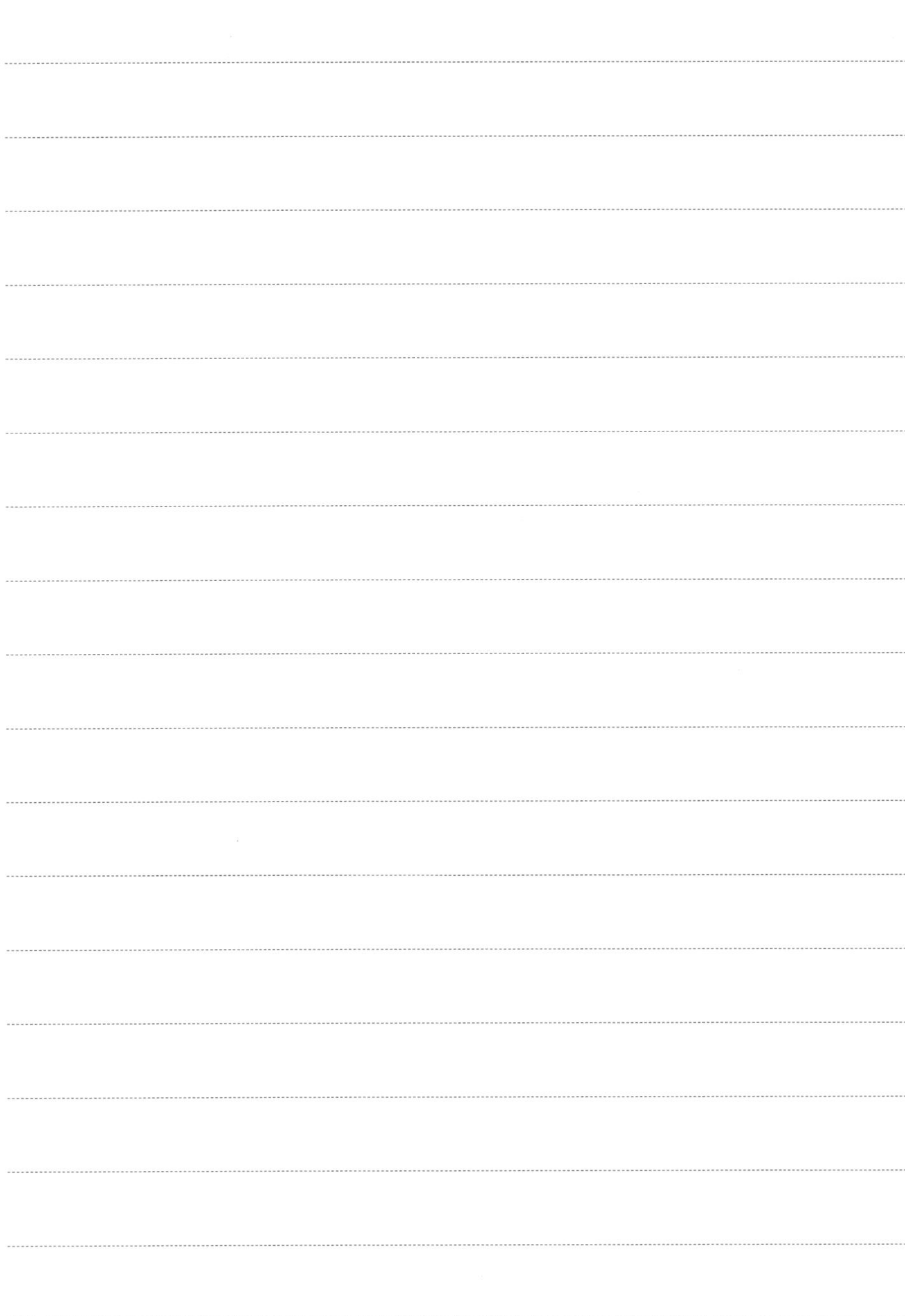

15

속박으로부터 벗어나 자유로워지기

홀로 지내면서 게으름 피우지 않는 사람,

칭찬을 받든 비난을 받든 흔들리지 않는 사람,

남에게 끌려가지 않고 남을 이끄는 사람,

바로 그런 사람을 인생의 승리자라고 한다.

자기를 잘 지키고 제어해 악행을 삼가토록 하라.

젊었을 때나 중년이 되어서도 자기를 잘 지키고 다스려야 한다.

또 남을 괴롭히지도 않고 남으로부터 괴롭힘을 당하지 않는 사람,

바로 그런 사람을 인격이 완성된 사람이라고 한다.

영혼의 순수함을 유지하고 그 어떤 일에도 얽매이지 않으며

게으르지 않고 교만하지 않으며 모든 속박에서 벗어나 자유로운 사람,

바로 이런 사람을 성자라고 한다.

《숫타니파타》

16

고정된 관념에 갇혀 살지 말라

이 세상 어떤 진리든 단지 명분이요,

단지 이름 붙여진 것에 불과하다.

이것만이 최고 가르침이요,

이것만이 최상의 진리라는

그 생각도 하지 말라.

《금강경》

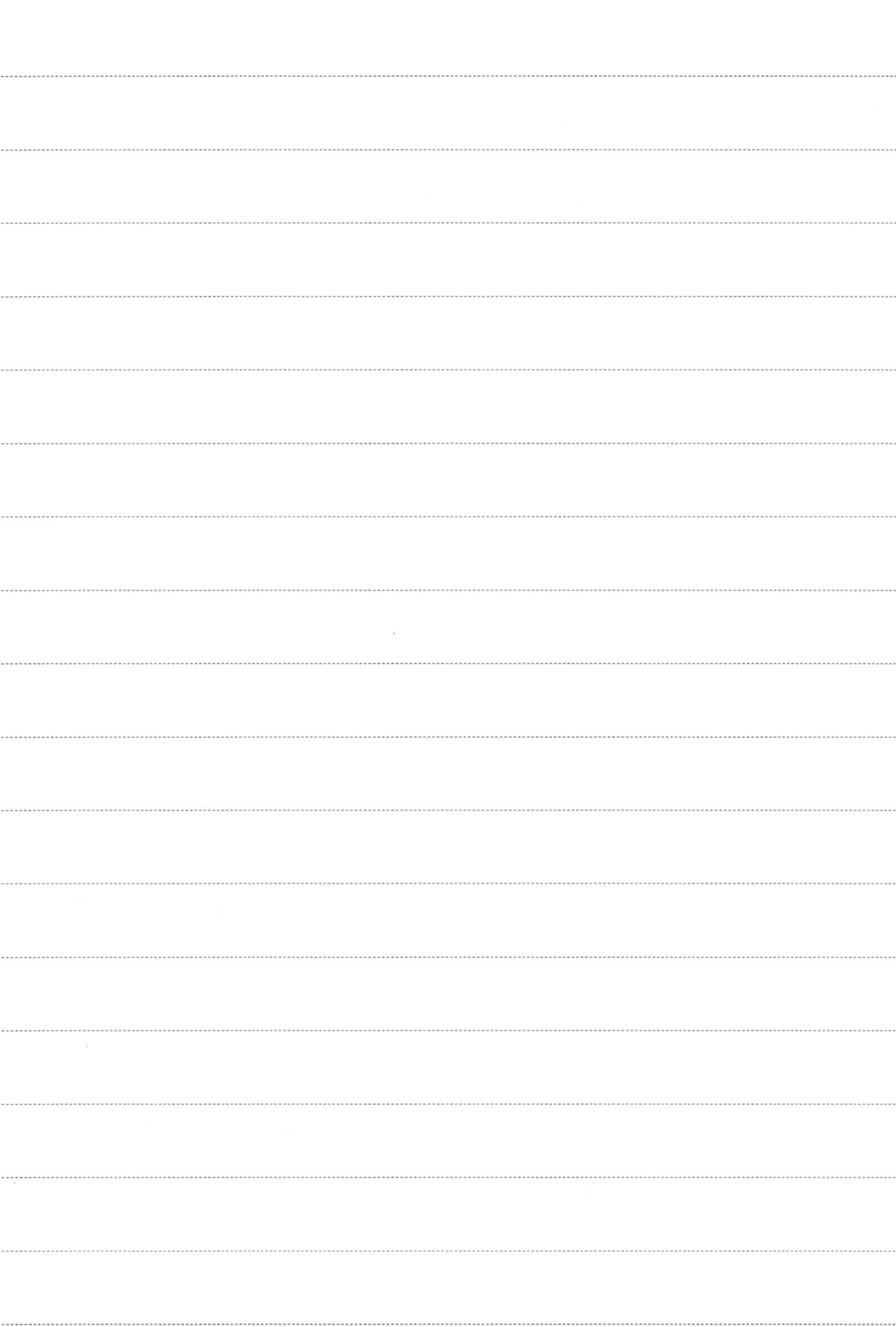

17

다른 방식으로 생각하라

중생들은 작은 일부를 전체라고 우기면서
자신의 의견만이 최고라고 주장한다.

어떤 생각 하나를 이것만이 진리라고 고집해도 집착이고
진리가 아니라고 고집하는 것도 역시 집착이다.

자신이 어떤 주장을 펼쳐도
어리석음에 떨어질 수 있음을 염두에 두라.

《금강경》

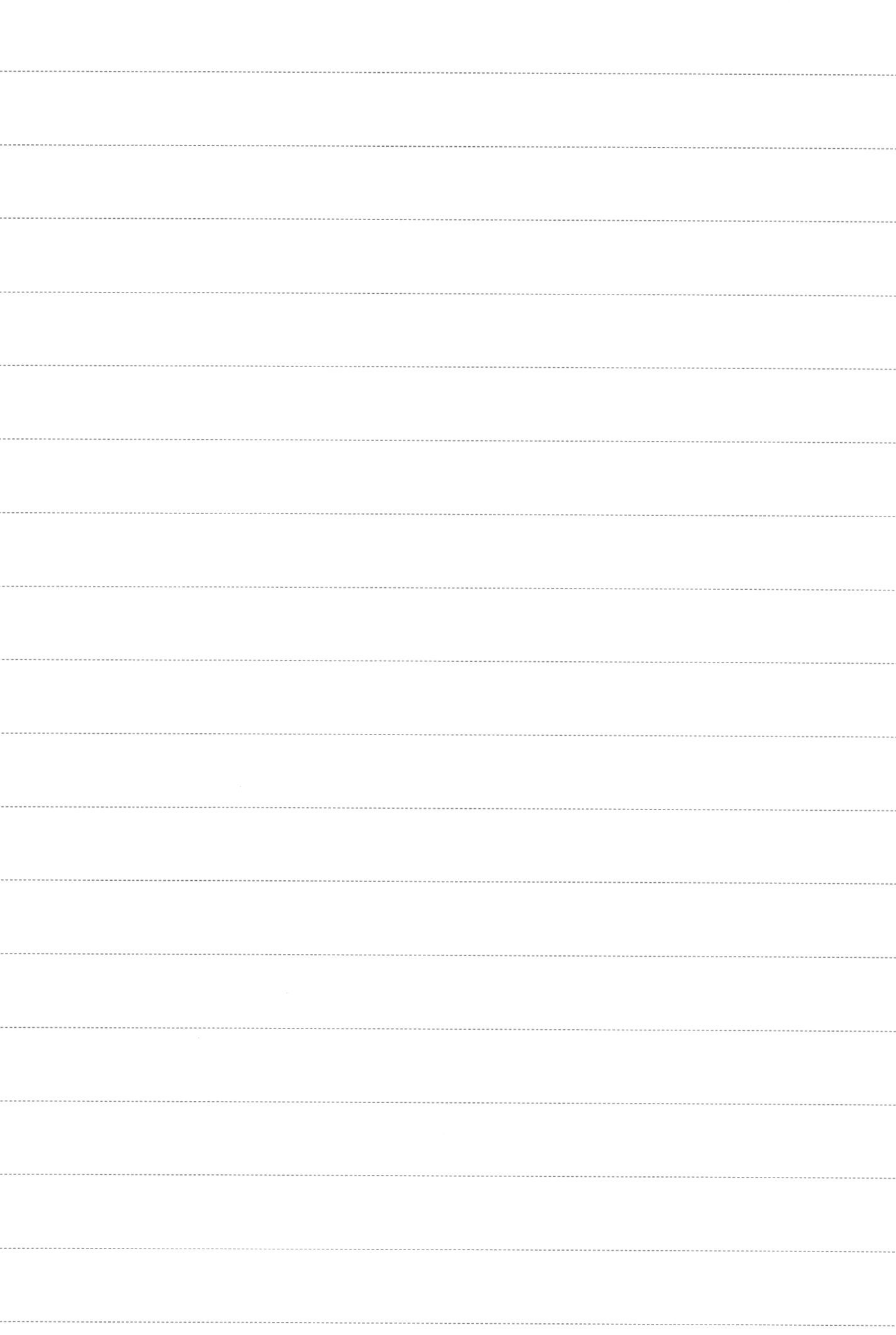

18

사람에도 쾌락에도 빠지지 말라

사람을 너무 좋아하고

여러 사람과 함께하는 것을 즐겨하는 사람은

반드시 사람 때문에 곤란한 일을 당하게 되어 있다.

큰 나무에 새가 많이 모여들면

나무가 말라죽거나 가지가 부러지는 것과 같다.

자신과 상관없는 일에 끼어들어 간섭하지 말라.

또한 노름이나 감각적인 쾌락에 너무 빠져 산다면

늙은 코끼리가 늪에 빠져 헤어 나오지 못하는 것과 같다.

《유교경》

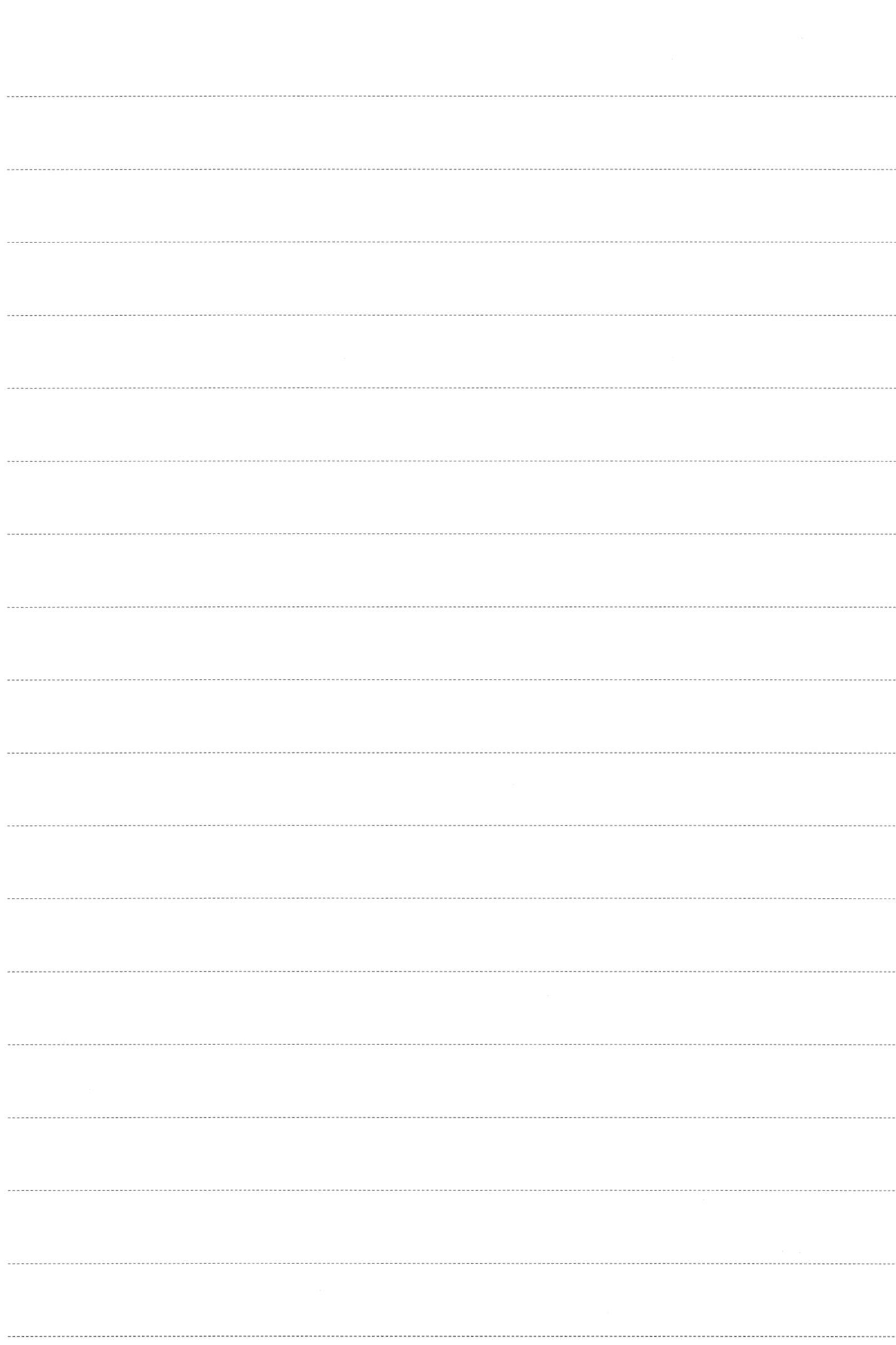

19

생각에 얽매이지 말라

어느 날 한 고행자가 부처님을 찾아와 물었다.
"부처님! 저는 신의 존재를 확신합니다.
부처님께서는 어떻게 생각하십니까?"

부처님께서 말씀하셨다.
"그것은 너의 무지에서 비롯된 것이니라.
신은 존재하지 않는다."

그날 오후 또 다른 사람이 찾아와서 물었다.
"저는 신을 믿지 않습니다.
신이 어떻게 존재하겠습니까?"

부처님께서 말씀하셨다.
"그런 생각은 그대 편견에서 비롯된 것이다.
신을 제외하고 무엇을 논할 수 있겠는가?
이 세상에는 오직 신만이 존재한다."

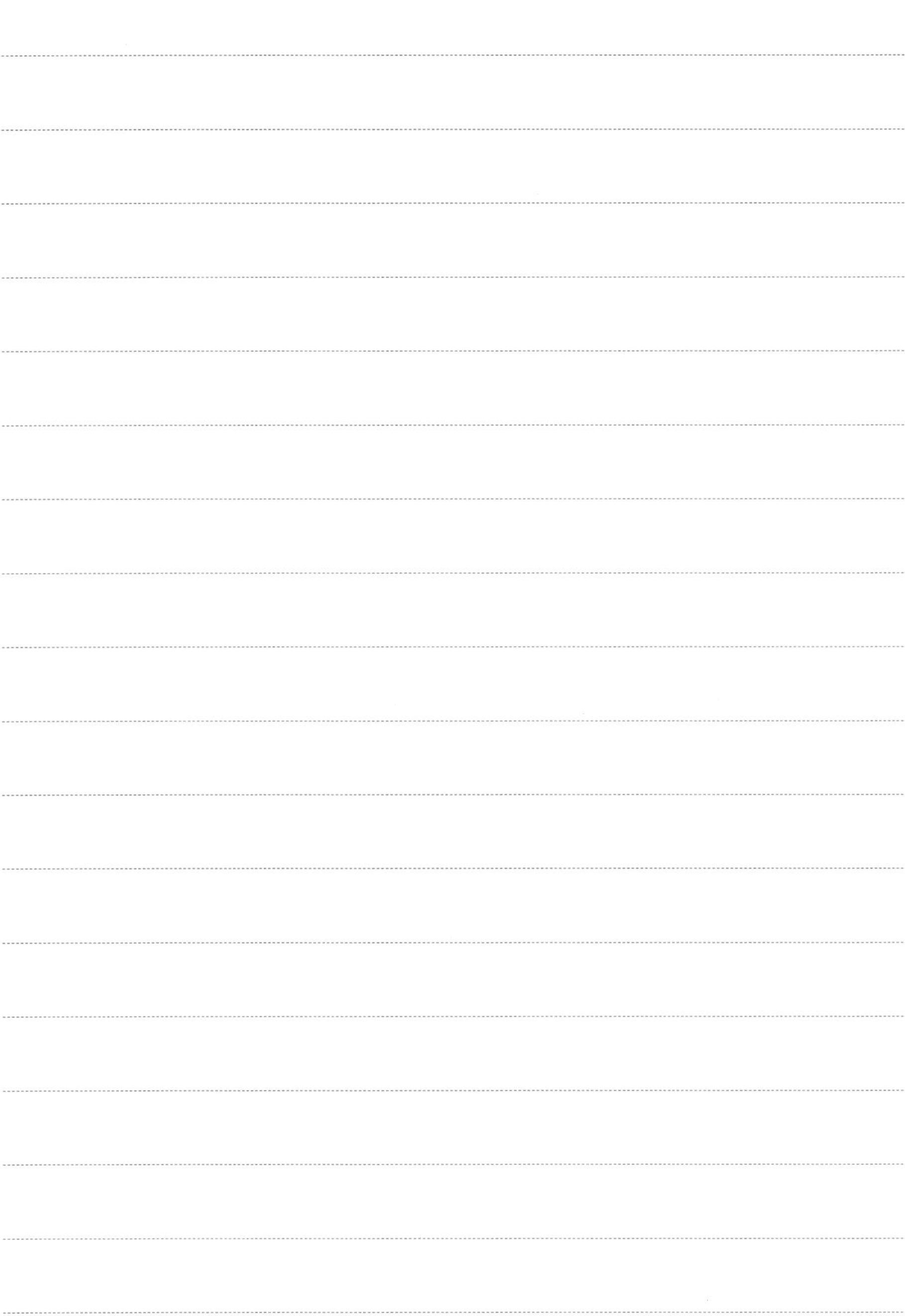

저녁 무렵, 또 사람이 찾아와서 물었다.

"저는 어느 때는 신을 믿고, 어느 때는 믿지 않습니다.

진정 신은 존재합니까, 존재하지 않습니까?"

부처님께서는 아무 말씀도 하지 않으셨다.

그가 떠나자 제자가 물었다.

"부처님께서는 어찌하여 대답이 똑같지 않습니까?"

부처님께서 말씀하셨다.

"신이 있느냐 없느냐는 중요한 문제가 아니다.

그들의 고정 관념을 깨뜨리기 위해 그렇게 답한 것이다."

《잡아함경》

20

높이 나는 새가 더 멀리 본다

상대가 해를 끼친 일도 없는데
공연히 시기하고 미워한다면
반드시 과보를 받는다.
이는 마치 바람을 거슬러 나아가면서
먼지를 뒤집어쓰는 것과 같다.

자신이 좋아하는 것에 탐닉된 사람은
자기의 편견을 넘어서지 못한다.
자신이 완전하다고 착각하고
자신의 견해를 마구 떠들고 다닌다.

자기 견해의 집착을 넘어서는 일은 쉬운 일이 아니다.
대체로 사람들은 울타리 안에 갇혀 진리를 등지고 산다.

《숫타니파타》

삶에 만족하십니까?

몇 달 전, 스리랑카의 '꽃 파는 청년' 영상을 보았다. 굽이진 산길에서 관광버스나 자동차만 지나가면 소년이나 청년들이 부리나케 맨발로 달려가 꽃을 사 달라고 애원했다. 그러다 굽이진 산길로 자동차가 내려가면 청년은 지름길로 뛰어 내려가 방금 만났던 자동차나 버스 승객에게 사 달라며 꽃을 흔들었다. 그 모습은 위험해 보이기도 했다. 무작정 차에 뛰어들어 자칫 잘못하면 큰 사고가 날 수도 있었다.

어느 기자가 스물일곱 살 청년에게 물었다.

"힘들지 않습니까?"

청년은 이렇게 대답했다.

"가족을 부양해야 하는 일이니 결코 힘들지 않습니다."

아직 젊은 사람인데, 삶에 달관한 모습이었다.

나 역시 작년 스리랑카 성지순례 길에서 꽃을 파는 청년을 만난 적이 있다. 온통 땀으로 뒤범벅이 된 채 우리 일행에게 애절한 눈빛을 보냈다. 누구도 쉽게 응하지 않는데도 그는 시종일관 미소를 지었다.

10여 년 전, 내가 미얀마에 머물 때 시장에서 저울 하나를 앞에 두고 돈 버는 사람을 만난 적이 있다. 그는 사람들이 저울에 올라가 몸무게를 확인하면 돈을 받았다. 함께 있던 한국 스님들이 모두 저울에 올라간 뒤에 그에게 돈을 지불했다. 그런데 그 저울 주인은 사람 수를 계산해 정확히 셈을 하지 않았다. 그에게서 삶에 초탈한 수행자다운 모습이 생생하게 남아 있다.

스리랑카 꽃 파는 청년이나 저울 하나로 돈을 버는 이들을 보면서 물질적인 부가 결코 삶의 만족도를 높이는 것이 아님을 절감했다. 우리는 사회 통념상 연봉이 높고, 중형급의 자동차를 소유하며, 대도시의 30평 이상 아파트에서 살아야 행복한 삶이라고 생각한다. 아니, 이 정도 되어야 '성공한 사람'이라는 사고가 사회적으로 보편화되어 있다.

과연 행복의 적도는 무엇인가? 삶에 만족을 느끼고 행복을 느끼는 것은 주관적인 문제다. 어떤 연구에 따르면 금전 소득이 낮은 약소 국가와 금전 소득이 높은 선진국 간에 삶의 만족도에 큰 차이가 없다고 한다. 즉 네팔·인도·세네갈·가나 등 경제적 수입이 낮은 지역 사람들과 미국·유럽 등 부자 나라 사람들의 삶의 만족도가 비슷하다는 것이다. 결국 '금전은 곧 행복'이라는 공식이 맞지 않음을 방증한다.

우리나라는 OECD 국가 가운데 경제적 수준은 상위권을 차지하는데, 우울증 환자와 자살자는 매년 급증하고 있다. 게다가 부유층 형제간의 재산 다툼은 법정까지 가서야 결론이 난다.

욕망이란 더운 날 초콜릿 아이스크림을 먹는 것과 같다고 본다. 처음에는 시원한 맛에 먹었는데, 그 맛에 길들여져 계속 먹어도 시원함을 느끼지 못한다. 욕망이란 것도 절대 만족하지 못하고 계속 더 많은 것을 추구한다. 갖고 싶은 것을 손에 넣으면 또 다른 욕망을 꿈꾼다. 욕망이 계속 커져 가는데 행복을 느낄 새가 어디 있겠는가?

끝없는 탐욕은 결국 파멸로 끝나는 것이 자명한 사실이다. 가진 것을 점검해 보자. 물리적 숫자가 아닌 만족도를 높이는 것이 행복한 인생이 아닐까?

2장

•

모든 존재를
너그럽게
바라보라

자비와 사랑으로 마음을 넓히는
부처님 말씀

21

살아 있는 모든 존재는 행복하라

사람은 출신 성분으로 천한 사람이 되는 것이 아니며

출신 성분에 의해 고귀한 사람이 되는 것도 아니다.

행위로 천한 사람이 되기도 하고

행위로 고귀한 사람이 되기도 한다.

사람들로부터 비난받을 만한 천박한 행동을 삼가라.

빈부귀천 남녀노소를 막론하고 상대를 속여서는 안 된다.

또 어느 곳에 머물러 누구를 만나든

사람을 업신여기거나 경멸해서도 안 된다.

상대방을 괴롭히려는 의도로 화를 내거나 고통을 주지 말라.

살아 있는 존재는 모두 다 행복하라.

마치 어머니가 외아들을 사랑하는 것처럼

살아 있는 모든 존재에 무한한 자비심을 품어라.

《숫타니파타》

22

내가 고통을 바라지 않듯 모든 존재도 그러하다

2장 · 모든 존재를 너그럽게 바라보라

자기 자신이 행복을 원하고

고통을 바라지 않는 것처럼

다른 사람들도 행복을 원하고

고통을 바라지 않는다.

그대가 자신의 생명을 소중히 여기듯이

다른 사람들도 자신의 생명을 소중히 여긴다.

모든 생명은 채찍을 두려워하고

행복한 삶을 소원한다.

자신의 생명을 소중히 여기는 것처럼

생명 있는 어떤 존재이든 간에

함부로 죽이거나 해쳐서는 안 된다.

《법구경》

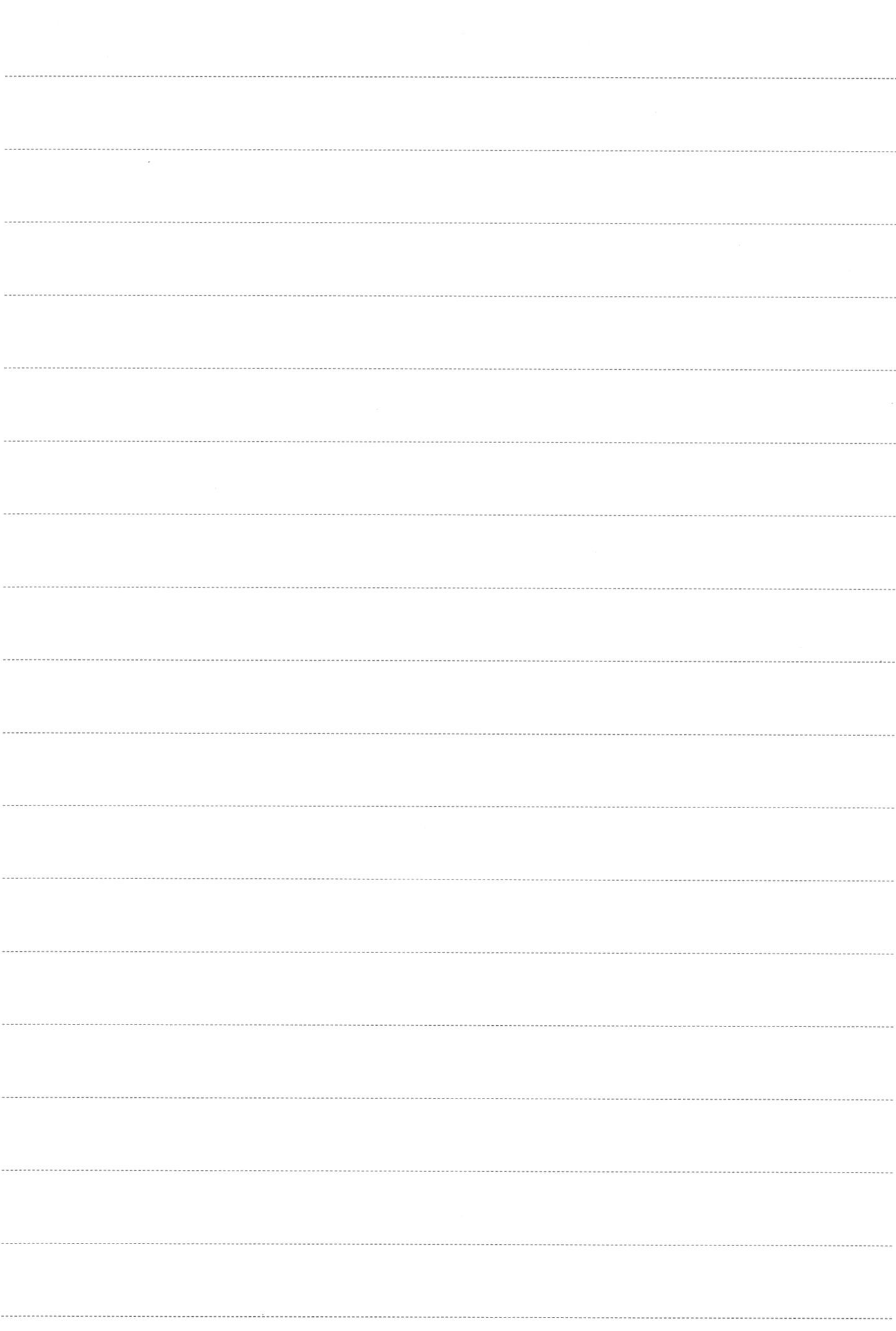

23

내가 행복을 추구하듯 모든 존재도 그러하다

자기 자신이 행복을 추구하듯

이 세상의 모든 존재도 자신들의 행복을 추구한다.

그대가 다른 존재들에 피해를 끼친다면

다음 생에 불행하게 살 것이다.

자기 자신이 행복을 추구하듯

이 세상의 모든 존재도 자신들의 행복을 추구한다.

그대가 혹 다른 존재들에 피해를 끼치지 않는다면

다음 세상에서는 행복한 존재로 태어날 것이다.

《법구경》

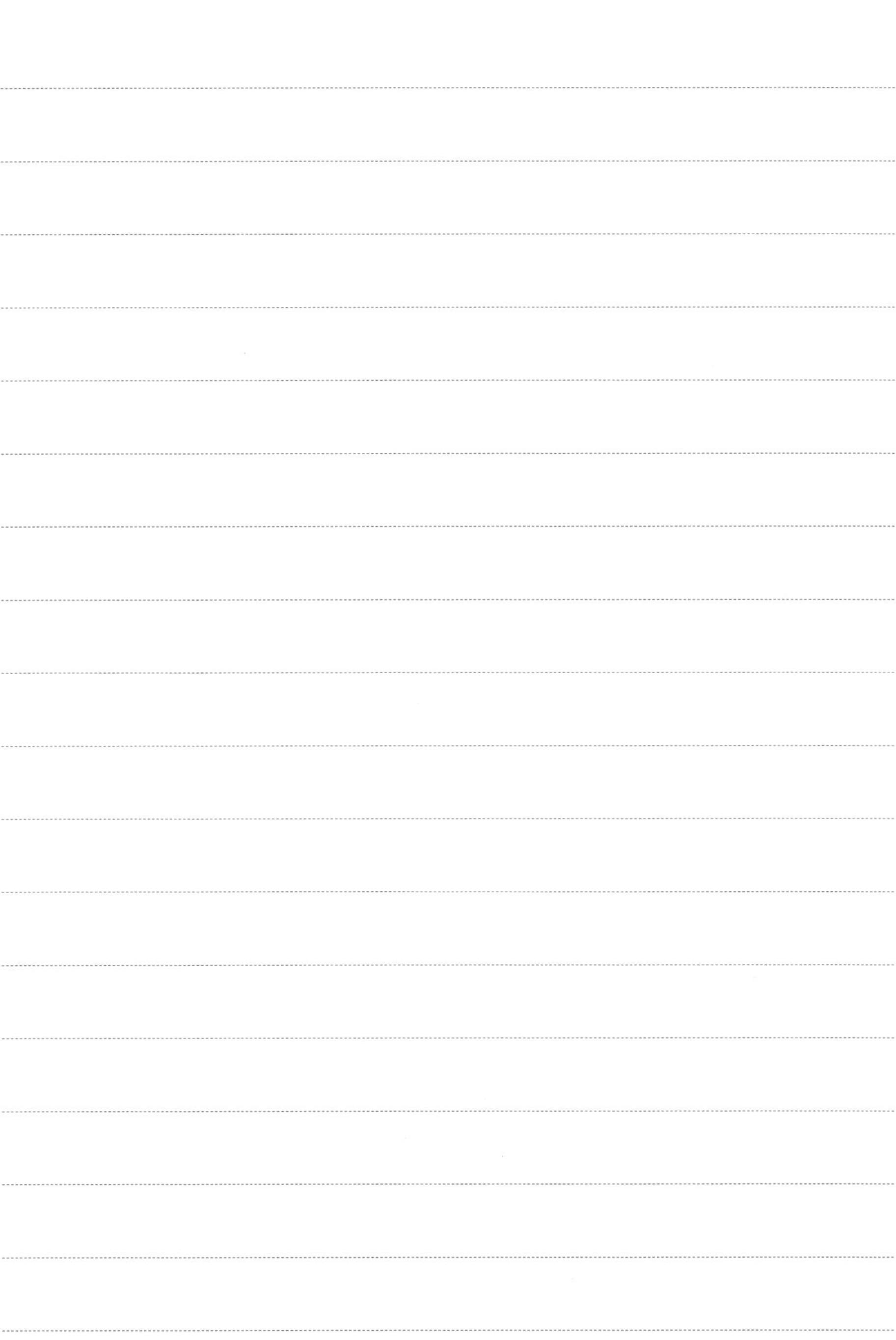

24

원한을 원한으로 갚지 말라

어느 젊은 청년이 부처님을 찾아왔다.

그는 다짜고짜 부처님에게 화내며 욕설을 퍼부었다.

그가 떠난 뒤 부처님께서 제자들에게 말씀하셨다.

"나는 상대의 어떤 말에도 화가 나지 않네.

바로 다음 생각으로 상대의 화가 난 마음을 이기기 때문이다.

상대가 악한 마음으로 나오면 나는 선한 마음으로 항복케 하며

상대가 인색하게 대하면 나는 은혜를 베풂으로 응한다.

진실한 말로 상대를 대해서 상대의 거짓말을 굴복시키며

상대를 비방하지 않고 자비로운 마음으로 상대를 바라본다.

누군가 찾아와 화를 내고 욕설을 퍼부을지라도

바위처럼 흔들리지 않는다.

능숙한 마부가 거친 말을 잘 다루듯이 마음을 잘 다스려야 한다."

《잡아함경》

 2장 · 모든 존재를 너그럽게 바라보라

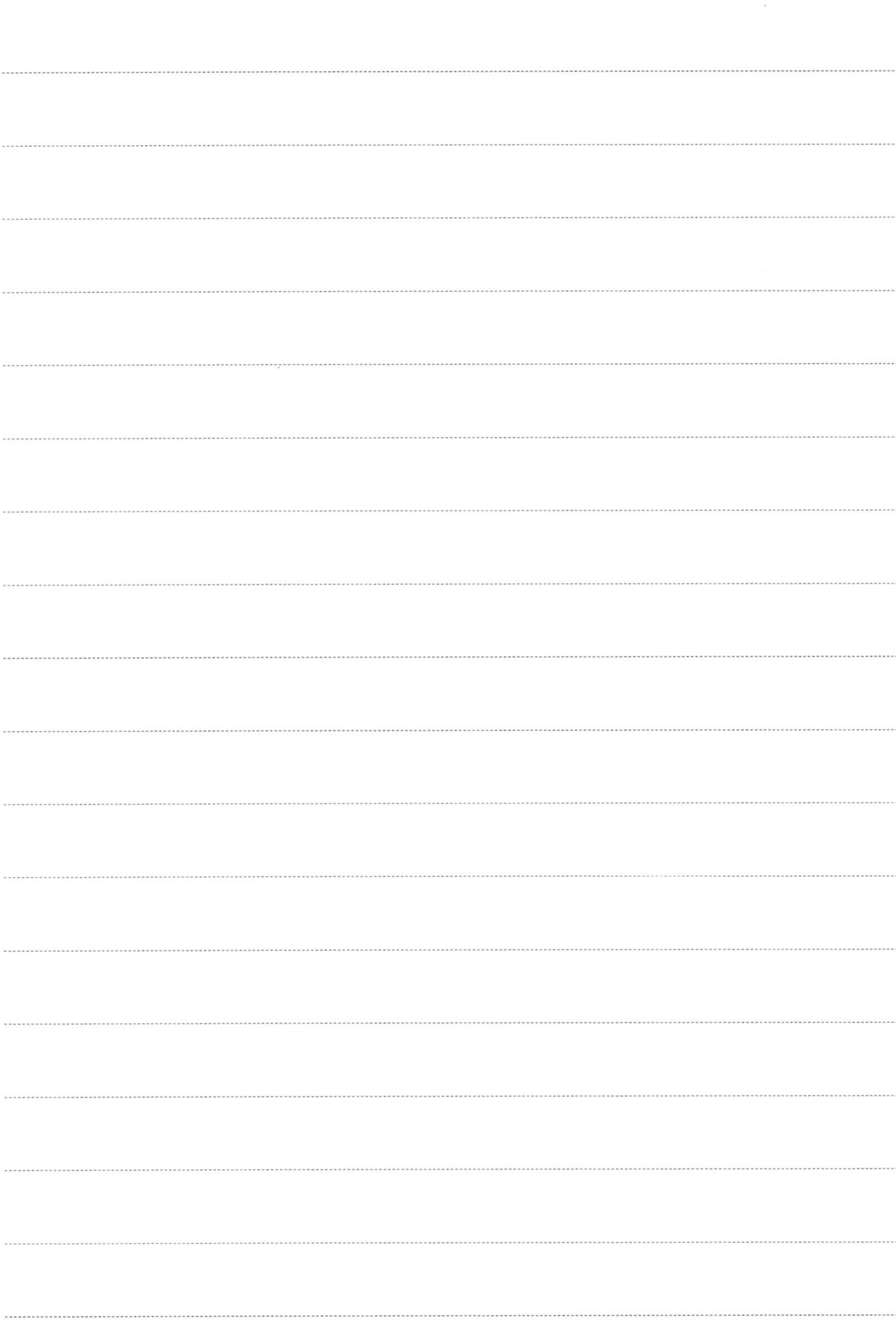

25

사람이든 축생이든 생명은 똑같이 귀중하다

고대 인도에 한 성자가 있었다.

성자가 삼매에 들어 수행하고 있는데

갑자기 비둘기 한 마리가 성자의 품에 안겼다.

비둘기는 생명의 위협을 받은 듯 바들바들 떨었다.

이때 매 한 마리가 날아와 성자에게 말했다.

"성자님, 그대 품 안에 있는 비둘기를 내놓으십시오."

성자가 그럴 수 없다고 고개를 젓자 매는 성자에게 간절하게 말했다.

"성자님, 저는 며칠을 굶었습니다.

저 비둘기를 잡아먹지 않으면 저는 굶어 죽습니다."

성자가 말했다.

"나는 수행자요, 생명이 죽는 것을 알면서 내어놓을 수 없습니다."

매가 다시 말했다.

"그렇다면 성자님께서 비둘기 무게만큼의 살코기를 떼어 주십시오."

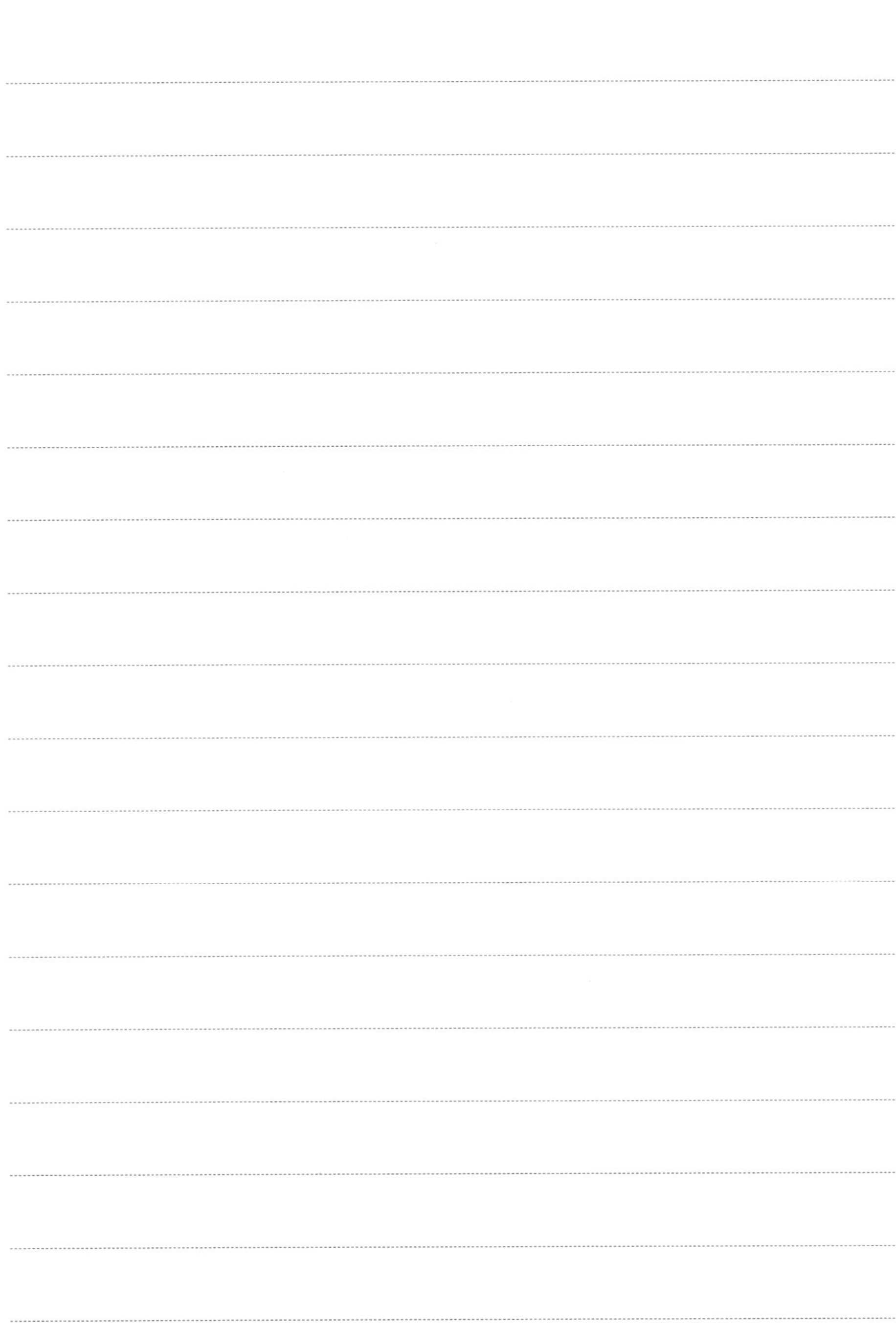

성자는 저울 한쪽에 비둘기를 올려놓고

한쪽 저울에 자기 허벅지 살을 잘라 올렸다.

그러나 비둘기가 더 무거웠다.

성자는 다른 쪽 허벅지 살을 잘라 올렸는데

이번에도 비둘기가 더 무거웠다.

성자는 자신이 직접 저울 위에 올라갔다.

그제야 자신과 비둘기 무게가 똑같았다.

성자에게 감동을 받은 매는 인사를 하고 그 자리를 떠났다.

《자타카》

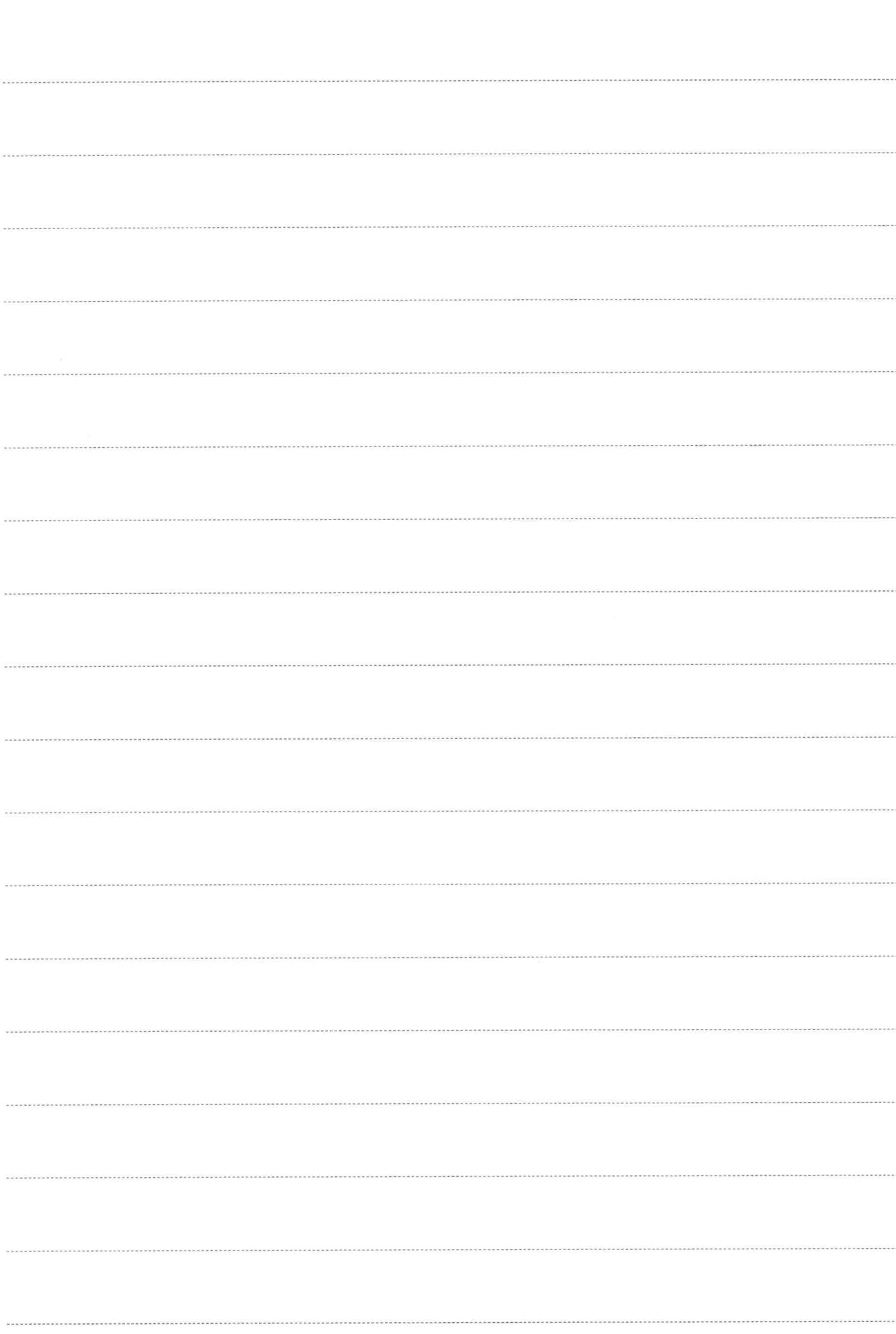

26

모든 사람은 존귀하다

세상을 사는 동안 그에게 붙여진 이름과 성은

하나의 명칭에 불과하다.

사람이 태어날 때 임시로 붙여진 것이다.

어리석은 사람들은

태어난 가문에 의해 바라문이 된다고 생각한다.

그러나 사람은 태어난 가문으로

바라문제사장 계급이 되는 것도 아니요,

출생으로 천민이 되는 것도 아니다.

업에 의해 바라문이 되기도 하고

업에 의해 천민이 되기도 한다.

《숫타니파타》

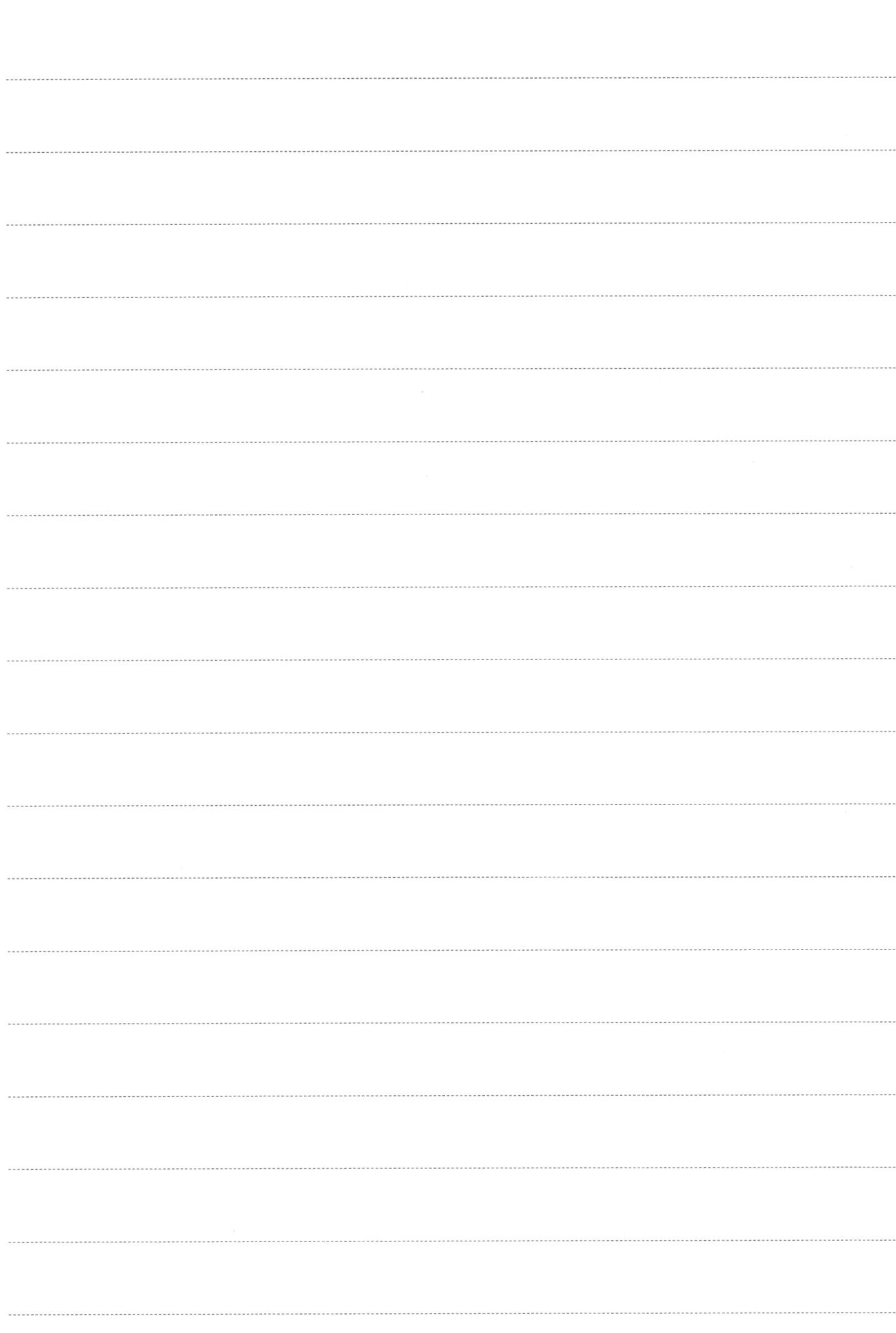

27

모든 인간은 사랑받기 위해 태어났다

부처님께서 대왕에게 말씀하셨다.

"사성은 모두 평등한 것으로 차별이 없다.

네 종류의 계급은 평등한 것이요,

잘나고 못난 차이는 있을 수 없다.

사성바라문·찰제리·서민·천민이란 세간에서 지어낸 말이지

중생은 실제 업에 의해 출생한다.

대왕이여, 혹시 어떤 바라문이 도둑질한다면 어떻게 처벌합니까?

대왕이 대답했다.

"설령 바라문이라고 할지라도 벌을 내리고, 도둑놈이라고 부를 것입

니다."

"찰제리왕족 계급가 도둑질하면 어떻게 합니까?"

"찰제리도 바라문과 똑같은 벌을 줍니다."

부처님께서 말씀하셨다.

"대왕이여, 훌륭하십니다.

인간에게 계급이란 있을 수 없습니다.

무슨 차별이 있겠습니까?

대왕이여, 인간은 잘나고 못나고의 차이는 없습니다.

다만 업에 의해 평가받아야 합니다.

바라문이라도 나쁜 업을 지으면 지옥에 떨어질 것이요,

천민이라도 선업을 지으면 하늘 세계에 태어납니다.

인간에게 계급은 없습니다.”

《잡아함경》

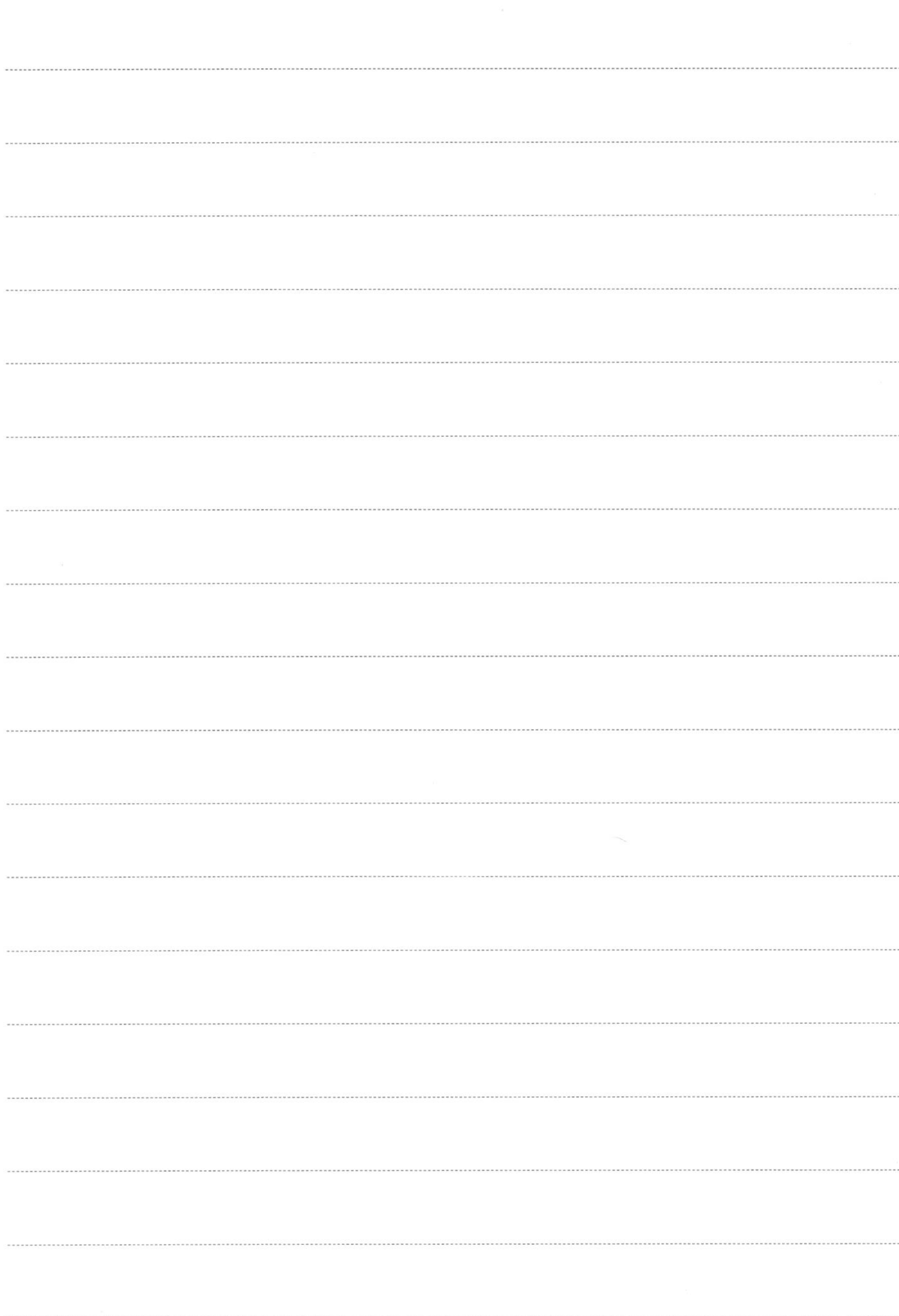

28

겉모습만으로 평가하지 말라

형상으로 나를 보거나

음성으로 나를 찾고자 한다면

이 사람의 관점은 그릇된 것이다.

참 여래를 볼 수 없다.

《금강경》

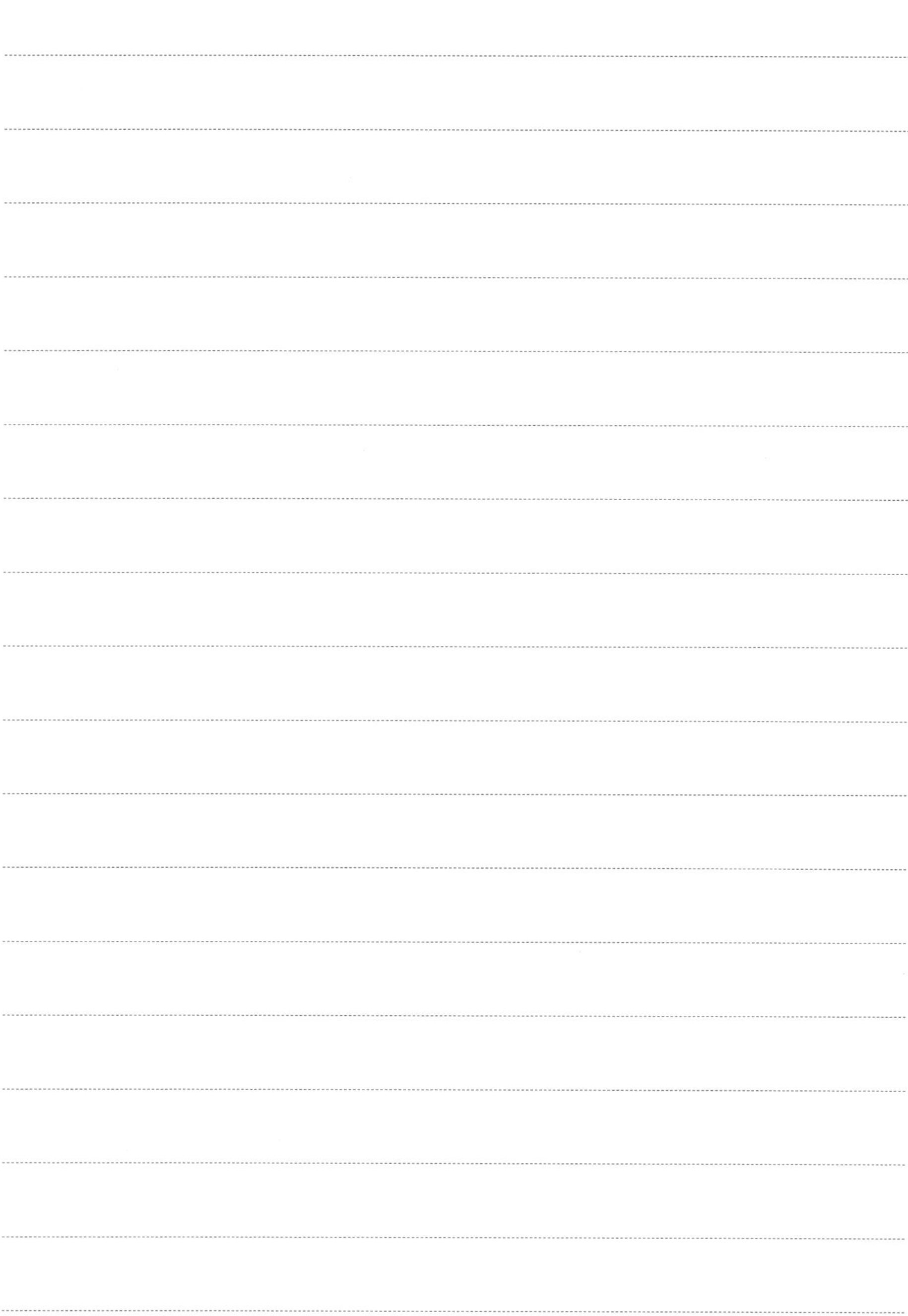

29

원망도 미움도 내려놓아야 한다

목련 스님이 외도들에 의해 피살당해 열반에 들었다.

수많은 스님들이 화가 나서 부처님께

우리도 그들에게 앙갚음해야 한다고 말했다.

부처님께서 그들을 잘 타이르며 이렇게 말씀하셨다.

"너희들은 아직도 삶의 진리를 체득하지 못했구나.

육체는 무상하고 업보는 끝이 없나니

원한을 원한으로 갚아서는 안 된다.

이것은 목련이 바라는 것이 아니다.

내가 한밤중, 삼매에 들어 죽은 목련을 만났는데

그는 어떤 원망도 슬픔도 없이 편안하게 열반에 들었다.

깨달은 자에게는 삶과 죽음은 흐르는 강물과 같다.

삶이 있으면 죽음이 있는 것이 당연한 이치이다.

죽음을 받아들이는 초연한 자세도 중요하다.

목련은 우리에게 용서하는 법과 삶의 초연함을 가르쳐 주었다."

《증일아함경》

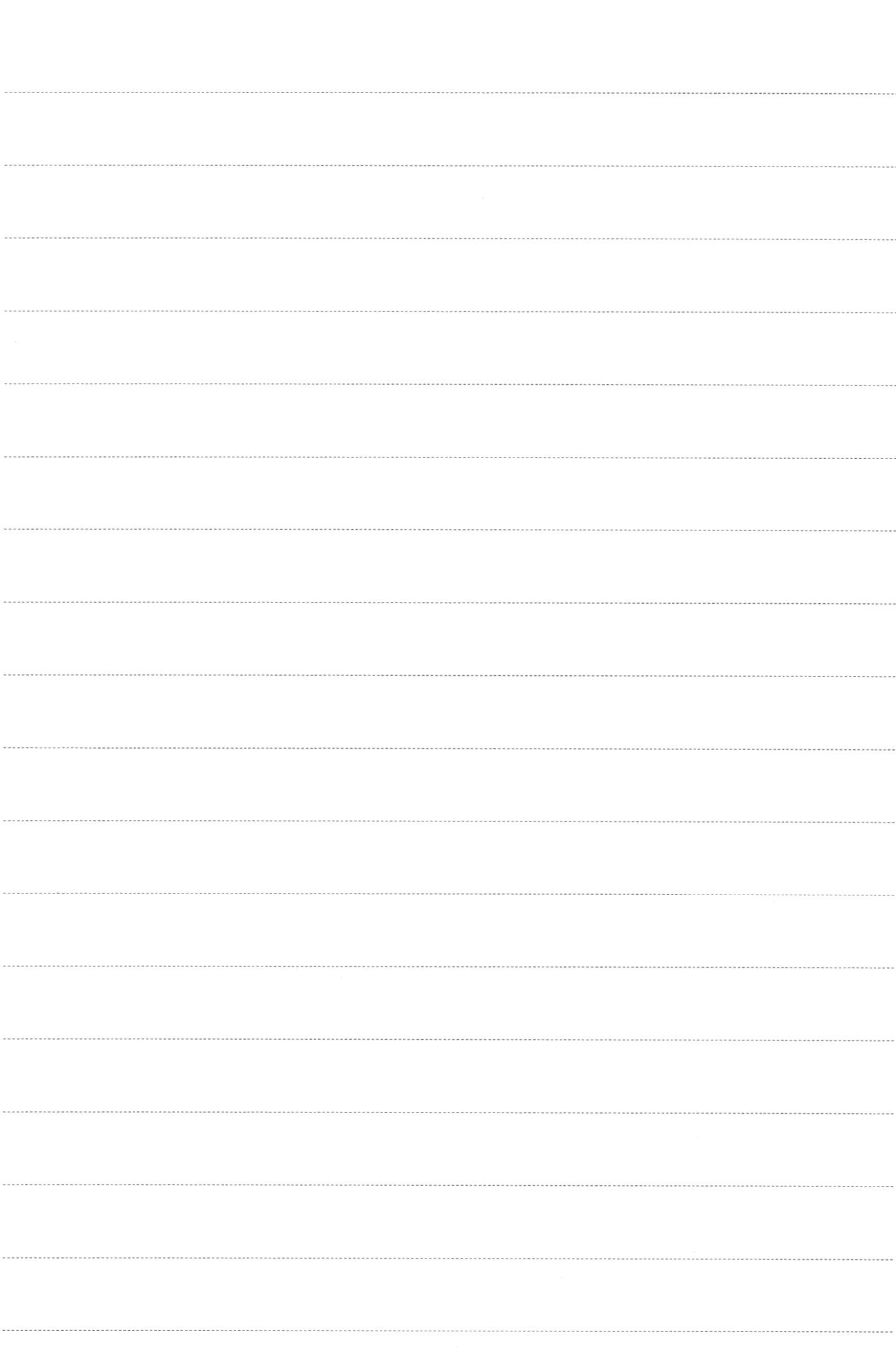

30

사랑의 깊이만큼 미움도 깊어진다

어떤 사람이 부처님께 물었다.

"이 세상에 사람들은 왜 서로 원수처럼 여기고

무기까지 들고 싸우는 겁니까?"

부처님께서 말씀하셨다.

"모든 원한이 생기는 것은 다 탐욕과 질투 때문이다."

그 사람이 다시 물었다.

"탐욕과 질투는 무엇 때문에 생겨납니까?"

부처님께서 말씀하셨다.

"상대를 사랑하고 미워하는 데서 생겨난다."

"사랑과 미움은 어디서부터 생겨납니까?"

부처님께서 말씀하셨다.

"애증의 원인은 탐욕 때문이다."

《잡아함경》

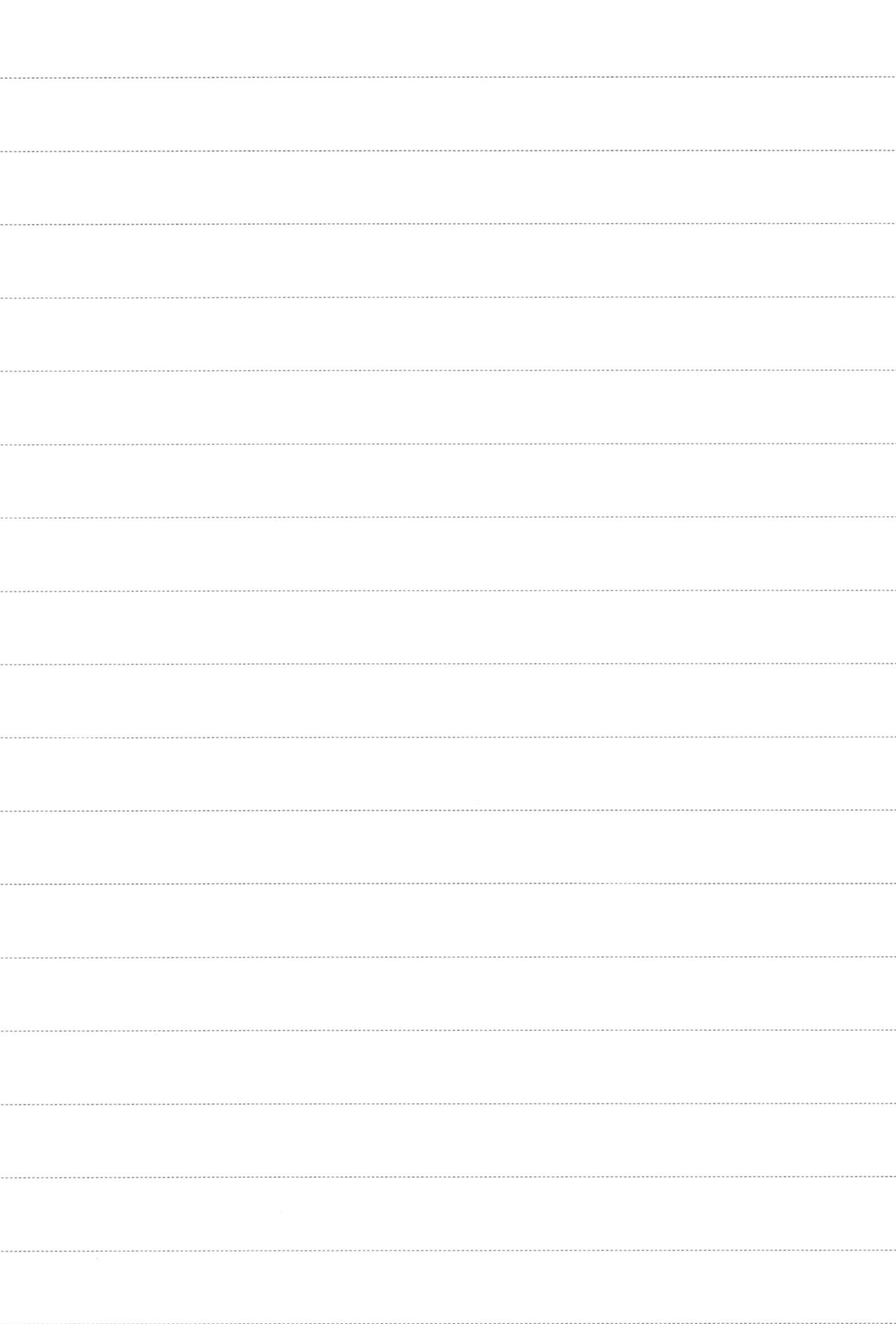

천주교 신부님! 《반야심경》을 독송하다

《불교평론》이라는 책자가 있다. 계간지로, 내용은 불교 학술지와 일반 잡지 중간 정도 성격을 띤다. 이 책 중간 코너에 수십 쪽 분량의 가볍게 읽는 에세이가 있다. 그 부분을 읽는 중에 의미 깊은 글이 하나 있다. 제목은 신부님이 쓰신 '내가 만난 반야심경'이다. 내가 일인칭 신부님 시점으로 각색해서 옮겨 본다.

"2021년, 코로나가 심각하던 무렵이다. 내가 머무는 호스피스 병동에 한 노스님이 들어왔다. 스님은 암으로 투병하며 요양병원에 계셨는데, 임종이 가까워져 호스피스 병동으로 옮겨 왔다.

환자를 위해 기도하려고 병동에 들어서는데, 간호 수녀님이 저 병실에 스님이 들어오셨다고 귀띔해 주었다. 병실에 들어가 보니 스님께서는 의식이 없는 채 호흡기를 착용하고 누워 계셨다. 스님은 죽음을 준비하는 병약한 노인 모습이었다. 보호자도 없이 생의 마지막을 호흡기에 의지한 채 죽음을 맞이하는 스님께 내가 해 줄 것이라고는 아무것도 없었다.

나는 문득 학생 때 반쯤 외웠던 《반야심경》이 떠올랐다. 내가 스님께 해드릴 수 있는 것은 《반야심경》을 조용히 읽어드리는 것뿐이라고 생각했다.

'색불이공 공불이색 색즉시공 공즉시색 … 시제법공상 불생불멸 불구 불정 불증불감 …'

누구나 한 번쯤 들어봤을 것이다.

삶과 죽음의 경계에서 고통스러워하는 그였지만, 수행자다운 모습이 었다. 나는 며칠 동안 매일 방문해 의식도 없는 스님께 《반야심경》을 읽어드렸다.

그러던 어느 날 병동에 들어가니 스님이 계시지 않았다. 지난밤에 생을 마감해 보호자가 모셔 갔다는 것이다.

'몇 차례 스님께 더 《반야심경》을 읽어 드려야 했는데 …'

후회스러웠다. 나는 스님의 법명도 모르고 어찌해서 이 병동에 오셨는지 모른다. 하지만 평온한 침묵 속에 계시던 수행자의 모습은 오래 각인되어 있다. 시간이 흘렀지만, 스님의 생애 마지막을 함께할 수 있어서 도반과 함께했던 것과 같은 추억으로 남아 있다. 스님의 인생 끝자락에 내가 함께했다는 것, 행운이라고 생각한다.

이 글을 읽는 동안 만감이 교차했다.

어쩌다 죽음을 앞둔 스님께서 천주교 암 병동에 머물게 된 것일까?

스님은 호흡기에 의지한 마지막 순간에도 왜 보호자 없이 홀로 계셔야 했을까?

스님이 입적한 후 모셔 간 그 보호자가 누구였을까?

안타까울 따름이다.

병원에서의 승려의 죽음은 수행자로서가 아닌 대한민국 국민으로서 법적인 절차를 거쳐야 한다. 젊은 승려들의 경우는 속가 가족이나 친척이 증명해야 하는 일이 발생한다. 자칫 무연고자 문제로 거론될 수도 있기 때문이다. 그 스님의 입적이 어쩌면 훗날 나의 모습일지도 모른다는 생각에 며칠 가슴앓이를 하였다.

이 글을 쓰는 이유는 감성팔이 하려는 데 있지 않다. 근자에 자기 종교에 빠져 다른 종교를 무시하고 비난하는 이들을 종종 본다. 이는 심각한 오류다. 이 글을 읽는 동안 마음은 무거웠지만, 신부님의 갸륵함이 따스하게 다가왔다. 병동에 오신 환자가 스님이라는 사실을 알고, 자신의 주관적 관념이 아닌 환자 입장에서 배려하고 있다는 점이다. 곧 스님이 평생 지녀 온 인생관과 가치관을 존중코자 《반야심경》을 읽어 주었다는 점이다.

과연 나는 그 신부님과 똑같은 상황이라면, 그렇게 할까? 아마 나는 '이번 기회에 부처님 제자 되어 극락에 가십시오'라고, 환자에게 불교 경전이나 부처님에 관한 이야기를 할지도 모른다. 그만큼 나는 매우 하인

배에 속한다.

　물론 신부님의 얼굴로 이름도 모르지만, 그분을 통해 한 가지를 배웠다. 진정한 성직자의 모습은 아마 이런 것이 아닐까.
　신부님의 건강을 축원하며 천주님의 은총이 있기를 기원한다.

31

용서를 잘하는 것도 수행이다

두 비구가 다투었다.

이후 한 비구가 상대 비구에게 참회하며 용서를 구했다.

그런데도 상대 비구는 그의 참회와 용서를 받아들이지 않았다.

이때 부처님께서 두 비구의 상황을 알고, 이런 말씀을 하셨다.

"상대가 참회하고 사과하는데도

받아 주지 않는 것은 어리석은 일이다.

용서하지 못하는 사람은

긴 밤 동안 괴로움을 받게 된다."

《중아함경》

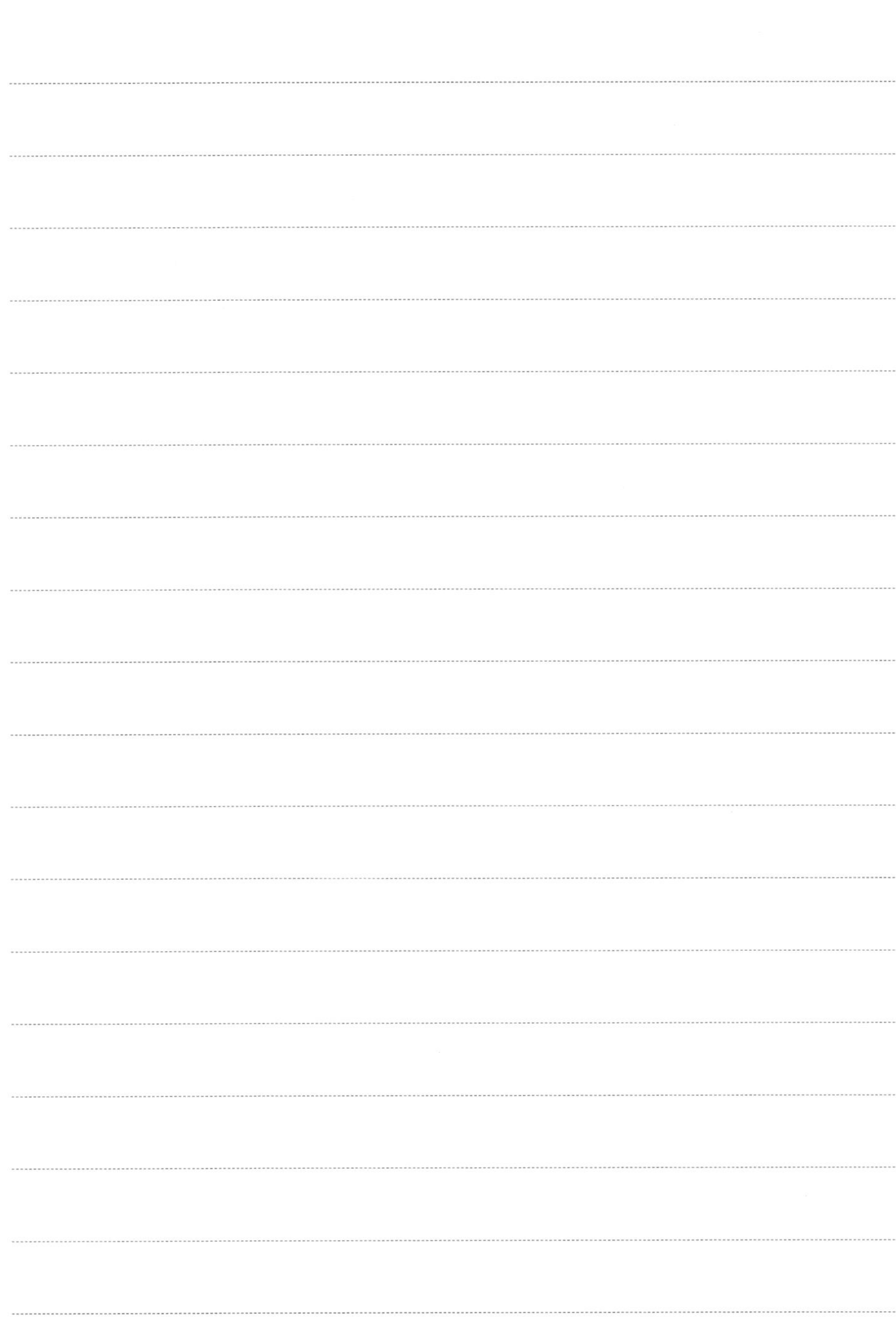

대가를 바라지 말고 베풀어라

제자 수보리가 부처님께 물었다.

"어떤 마음 자세를 갖고 살아야 합니까?"

부처님께서 말씀하셨다.

"수보리야!

사람은 무슨 일에서든

누구에게나 집착 없이 베풀어야 한다.

무엇인가 상대에게 바라거나

관념 두지 않고 보시해야 한다.

이런 마음으로 사람을 사랑하고 진심으로 대한다면

인생에서 매우 큰 복덕을 얻을 것이다."

《금강경》

33

최상의 경지로 인도하되 자만하지 말라

제자 수보리가 부처님께 물었다.
"깨달음을 구하려고 마음 낸 사람은
어떻게 괴로운 마음을 다스려야 합니까?"

부처님께서 말씀하셨다.
"세상의 모든 존재를 깨달음의 길로 이끌어라.
그렇게 중생을 최상의 부처 경지로 인도한 뒤에
그들을 인도했다는 관념을 갖지 말라."

《금강경》

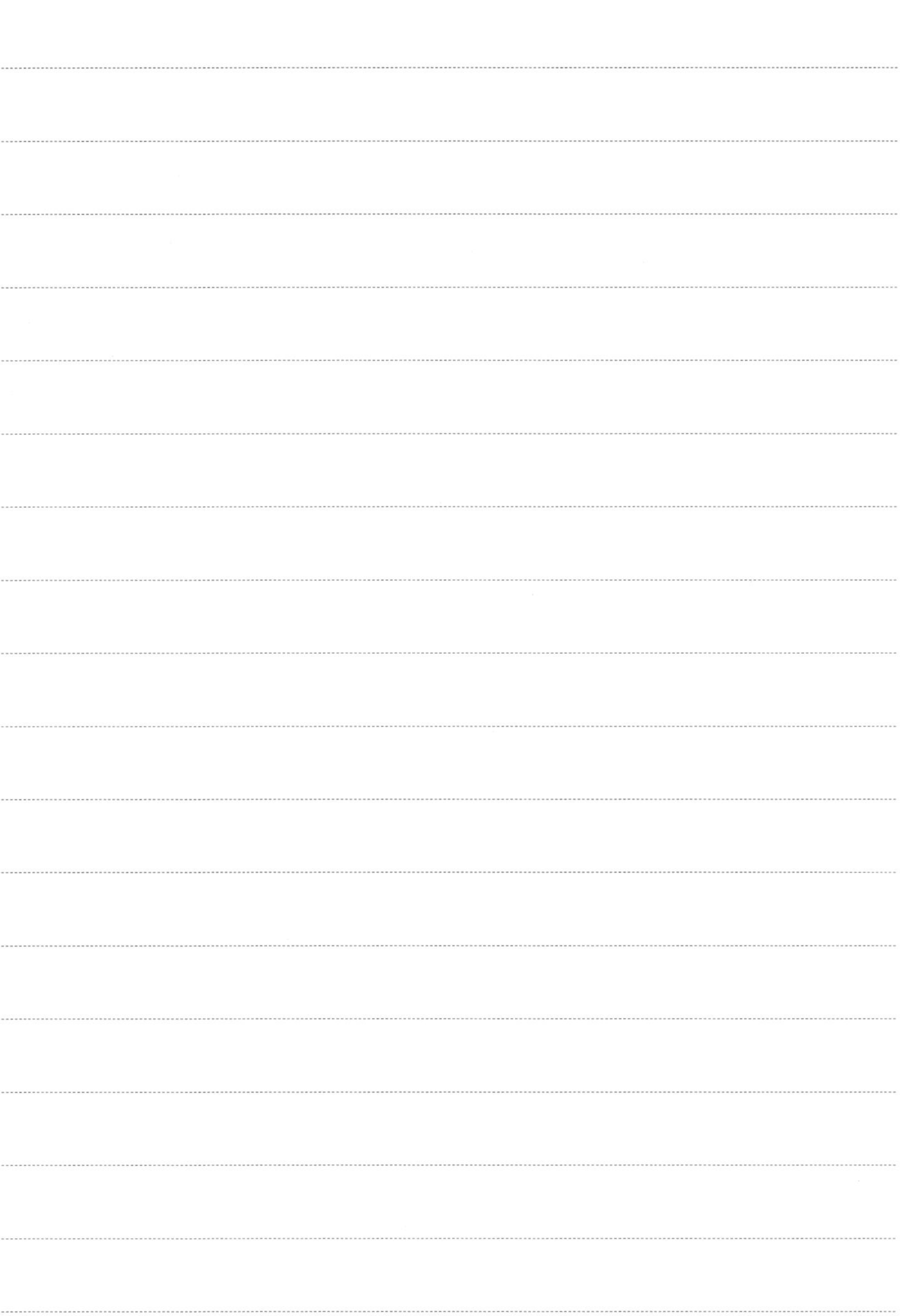

오른손이 하는 일을 왼손이 모르게 하라

어떤 대가도 바라지 말고, 베풀어라.

상대에게 베풀었다는 그 관념도 두지 말라.

[무주상보시]無住相布施]

《금강경》

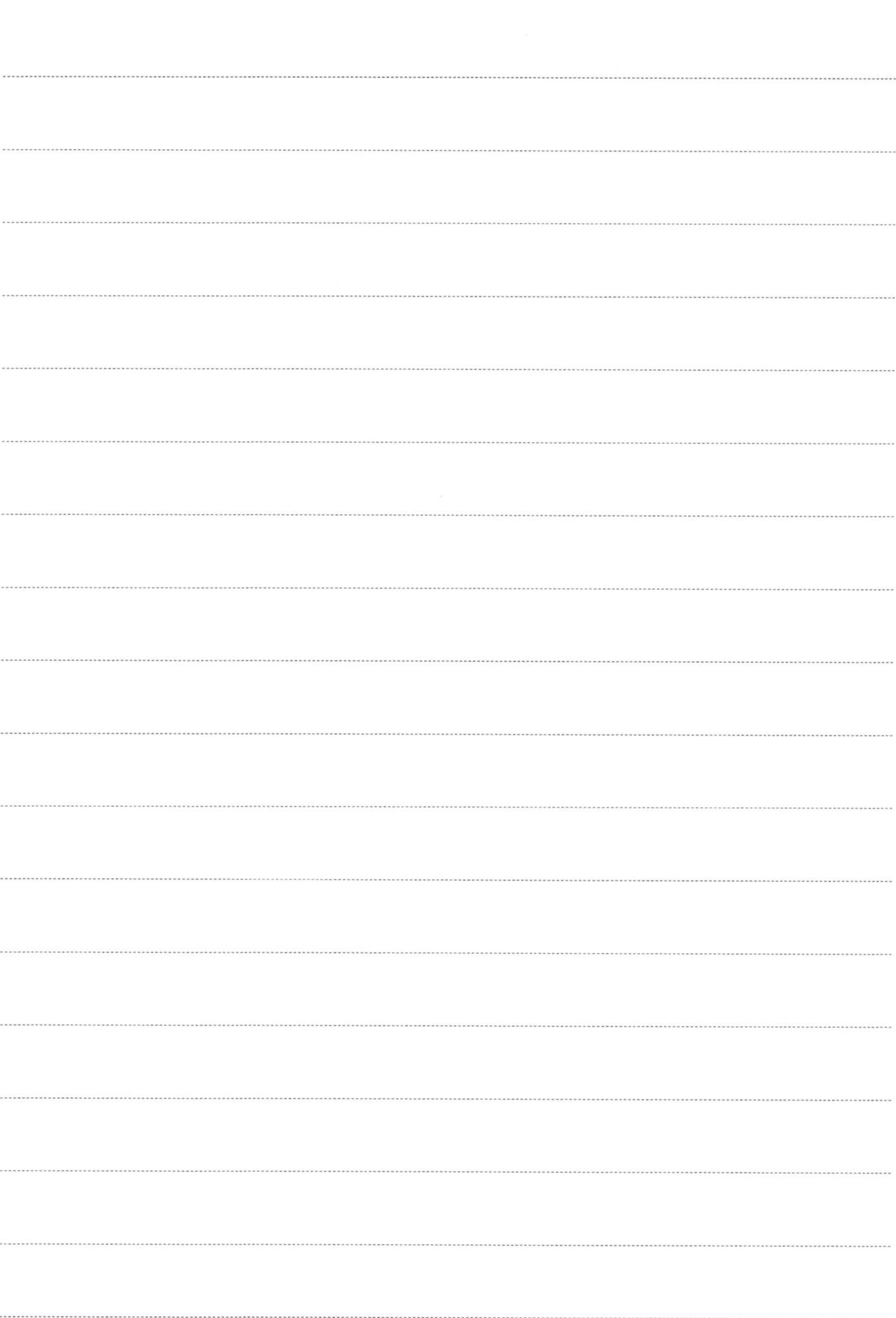

35

아상이 사라진 자리가 곧 깨달음 경지

'나'라는 생각[관념 · 집착]을 버려라.

그 아상我相만 여읜다면

깨달음의 경지이다.

《금강경》

아상이 사라진 자리가 곧 깨달음 경지

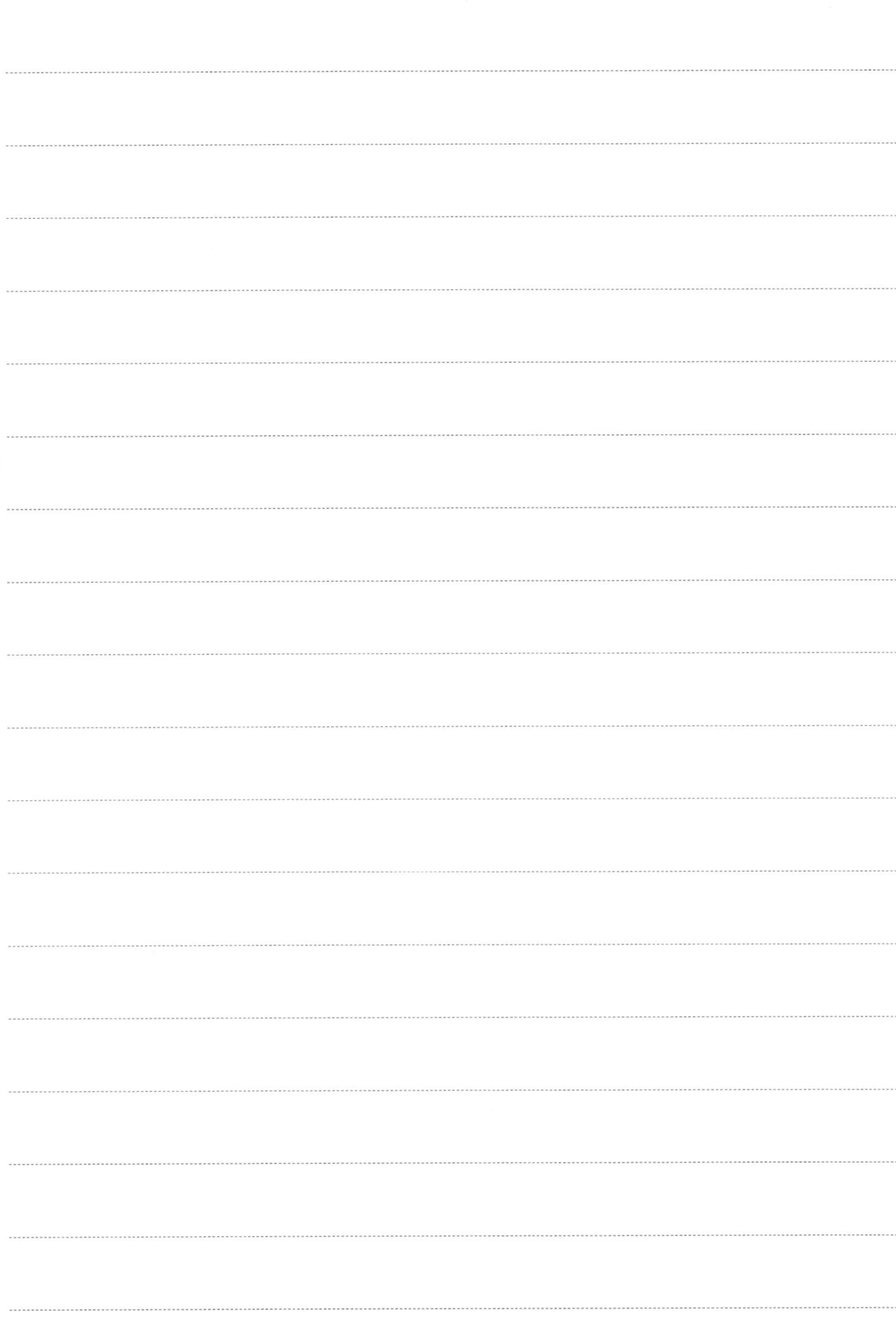

36

주변 사람에 늘 감사하라

선생이라 불리는 한 남자가 부친이 죽고 나서

부친의 유언에 따라 여섯 방위에 절을 하였다.

부처님께서 그 모습을 보고 왜 절을 하느냐고 물었다.

선생은 이렇게 답했다.

"돌아가신 아버지가 하라고 해서 습관으로 하고 있습니다."

부처님께서 이렇게 말씀하셨다.

"그렇게 하는 것은 의미가 없다.

앞으로는 동쪽을 향해서 절을 할 때는

부모에게 감사하다는 마음으로 절을 하여라.

또 남쪽에는 스승에게,

서쪽에는 배우자와 자식에게,

북쪽에 절을 할 때는 친척에게,

아래쪽을 향해 절할 때는 하인이나 고용인에게 절하여라.

마지막으로 위쪽을 향해 절할 때는

승려·성직자·스승이 있다고 생각하고 예배하여라.

이렇게 여섯 방위에 절을 하면서 그들에게 늘 감사하여라."

《장아함경》

37

소유한 만큼 걱정이 발생하는 법

자식이 있으면

자식 때문에 근심이 생기고

소가 있으면

소 때문에 걱정할 일이 생긴다.

곧 집착 때문에 근심 · 걱정이 생겨난다.

집착이 없는 사람에게는 근심 · 걱정도 생기지 않는다.

이것은 내 것, 저것은 남의 것이라는 점을

염두에 두지 않는 사람은

집착과 애착심을 여읜 사람이다.

지혜로운 사람은 설령 자신의 소유물이 적을지라도

근심하거나 슬퍼하지 않는다.

《숫타니파타》

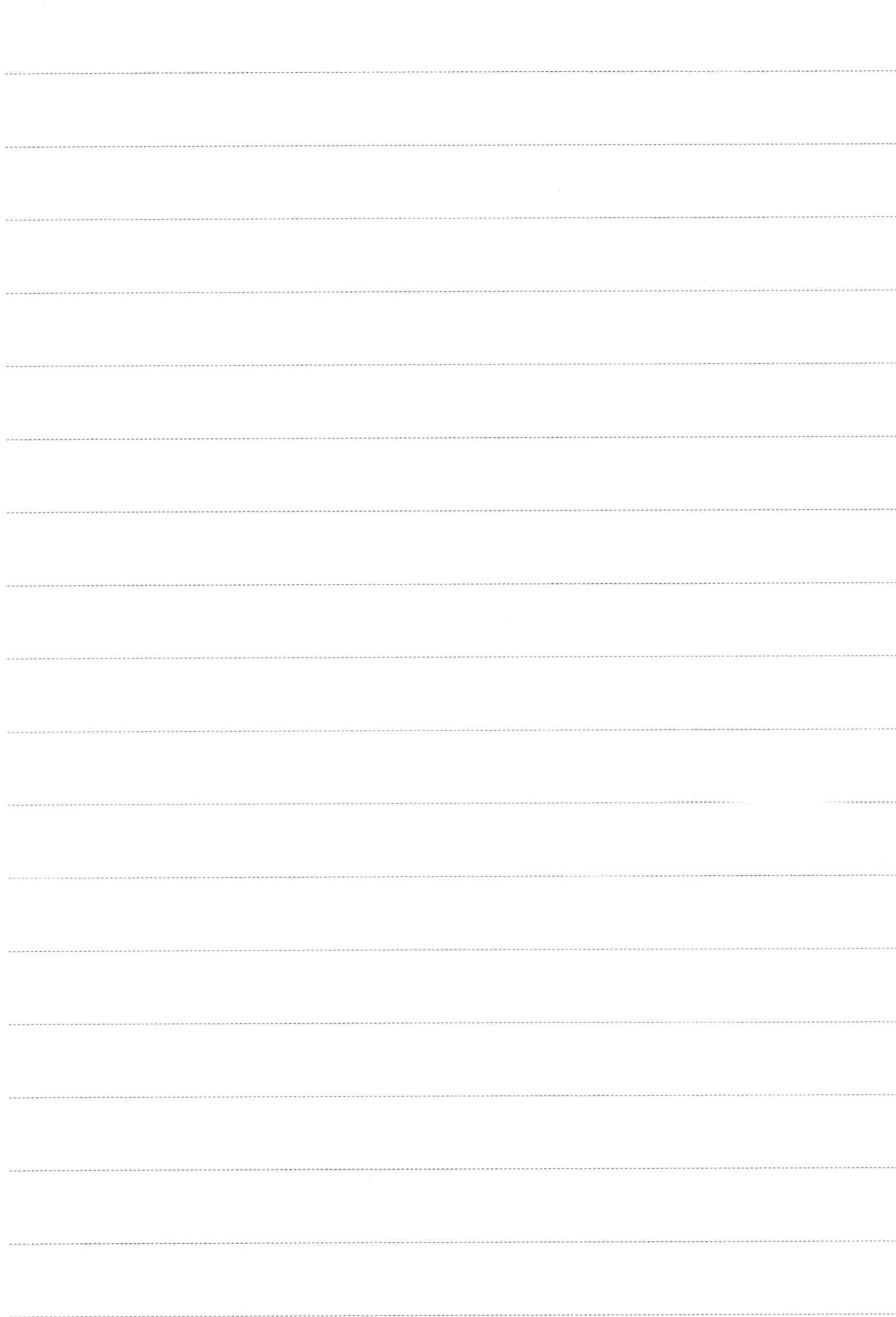

38

남을 탓하지 말고 자신부터 돌아보라

남의 잘못이나 그릇된 행실을 눈여겨보지 말고

먼저 자신의 과오나 그릇된 행실을 살피어라.

이렇게 하면

사람들과 다툼이 일어나지 않을 뿐만 아니라

그대의 삶도 편안할 것이다.

남의 그릇됨을 꼬집어 따지거나

잘못된 행실에 왈가왈부하지 말라.

먼저 자기 행동에 그릇됨이 없었는지,

이치에 맞게 행동했는지,

자신부터 살피어라.

《법구경》

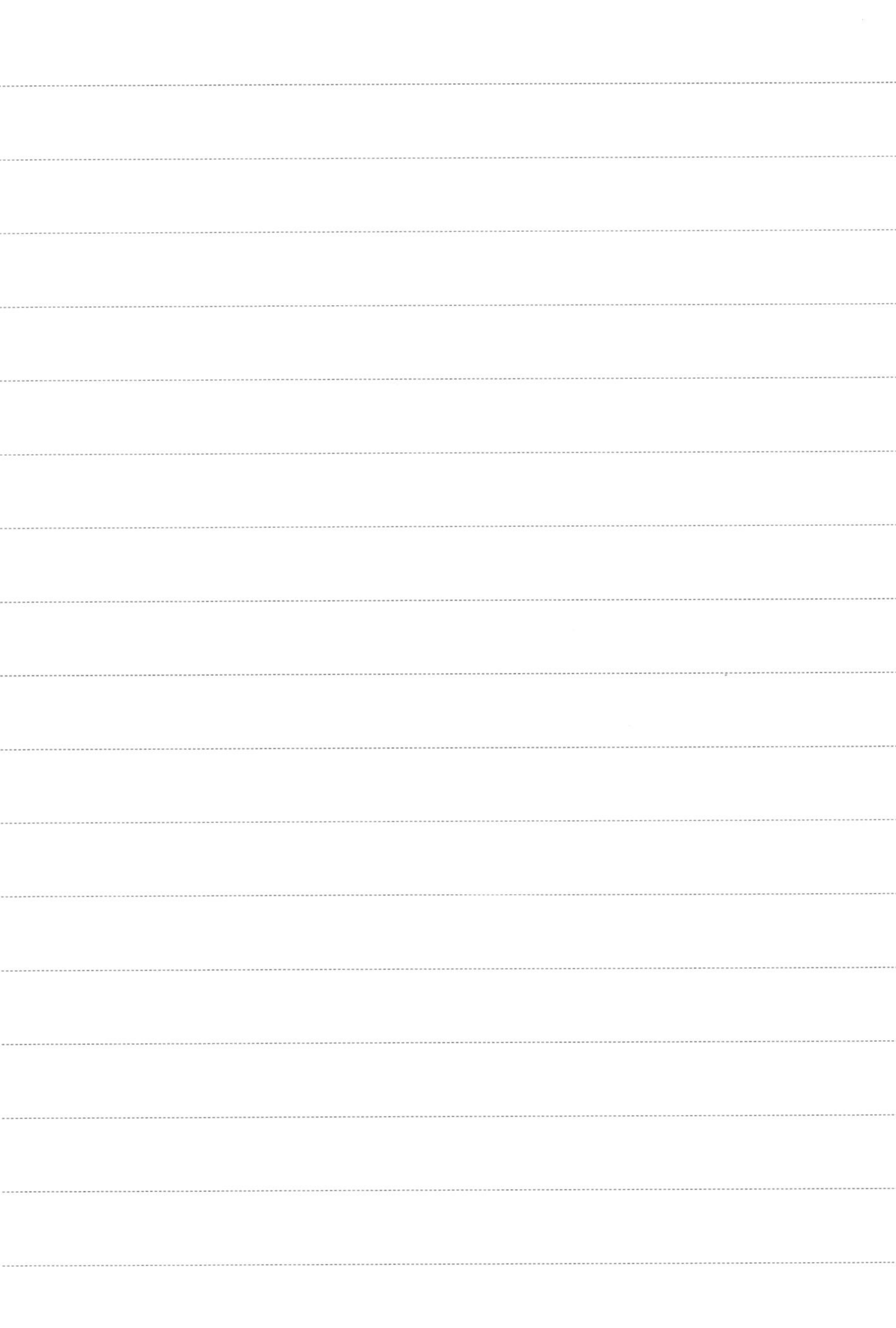

39

눈 위에 발자욱이 남듯 행위는 드러나는 법

혹 살면서 잘못한 일이 있다면
반드시 참회하고 그 이후 삼간다면
달이 구름에서 나오듯이
그는 반드시 이 세상을 비출 것이다.

살면서 악업을 지었을지라도
선업을 지어 악업을 상쇄시킨다면
달이 구름에서 나오듯이
그는 반드시 이 세상을 비출 것이다.

모든 나쁜 짓 하지 말고
수많은 선행을 지어라.
자기 마음을 청정히 하는 것,
이것이 모든 부처님의 가르침이다.

《법구경》

40

참다운 성자란

화가 나는 일에도 자신을 제어해

분노를 품지 않으며

몸가짐과 행동을 조심하라.

계율을 잘 지키며 욕심내지 말라.

이렇게 수행을 잘해서

깨달은 자를 성자라고 한다.

이 세상의 선과 악을 모두 버리고

그 어느 것에 치우쳐 집착하거나 근심하지 말라.

이처럼 번뇌에 빠져 있지 않은 자를 성자라고 한다.

《법구경》

별은 혼자 빛나지 않는다

"별은 자기 혼자 빛나지 않는다."

영화 〈라디오 스타〉에 나오는 대사이다. 이 대사는 불교의 연기 사상과 절묘하게 매치된다. 그 이야기를 하려고 한다.

불교의 시작은 석가모니 부처님의 깨달음에서 비롯된다. 부처님께서는 무엇을 깨달았는가? 바로 연기설이다. 여타 종교에서 창조설을 말한다면, 이에 대응되는 불교사상은 연기설이다. 어려운 이야기는 접어 두고, 사회과학적인 관점에서 연기설을 소개하려고 한다.

연기설이란 석가모니 부처님이 우주실상의 원리를 깨달은 내용으로써, 세상 만물이 서로 서로의 인연으로 얽혀 있으며 유기적으로 연결되어 있다는 뜻이다. 연기설에 여러 학설이 있는데, 그 하나를 들자면 상의상관相依相關이다. '서로 의지하고 서로 관계되어 있다'는 의미다.

몇 해 전 전염병 코로나가 전 세계에 확산되었을 때 이 개념이 자주 언급되었다. 어느 나라의 작은 시골에서 발생한 전염병이 전 세계에 퍼져 정치·경제·문화를 수년간 마비시키지 않았던가? 자연과 인간, 인간과 인간은 서로 연결되어 있고 의지하고 있으며 어떤 개체이든 홀로 살아갈 수 없다는 사실을 보여 주었다.

이 연기설을 사회 현상으로 말한다면 '나비효과'와도 통한다. 미국의 기상학자 에드워드 N. 로렌츠가 기상관측을 하다가 제시한 이론이다. 브라질에서 나비가 날갯짓하면 미국 텍사스에서 토네이도를 일으킬 수도 있다는 것이다.

나비효과는 과학 이론에서 출발했으나 점차 경제학과 사회학 등 여러 분야에서 광범위하게 쓰이게 되었다. 나비효과의 한 예로, 1930년대의 미국의 대공황이다. 어느 시골 은행의 부도로 시작되었는데, 몇 개월 후에는 미국 경제가 악화되었다. 작고 사소한 사건 하나가 나중에 커다란 효과를 가져온다는 의미이다.

어떤 동산에 두 그루의 나무가 있었다. 한 그루는 키가 크고 무성한 아름드리나무였고, 옆에는 키도 작고 매우 왜소한 나무가 서 있었다.

작은 나무는 늘 불만이 많았다. 바로 옆의 큰 나무 때문에 햇빛도 제대로 받지 못하고, 비가 내려도 옆의 큰 나무가 물을 다 빨아들여 물과 양분을 모두 뺏긴다고 생각했다. 어느 날 작은 나무는 이런 생각을 했다.

'저 큰 나무 때문에 나는 늘 이 모양 이 꼴이다. 저 큰 나무만 없어진다면 나도 저렇게 무성한 나무처럼 될 수 있는데, 어떻게 하면 저 나무를 없앨 수 있을까?'

이렇게 고민하던 차, 나무꾼이 지나갔다. 작은 나무는 나무꾼에게 큰 나무를 베어 가져가 달라고 부탁했다. 큰 나무가 나무꾼에 의해 결국 쓰러지고 말았다. 작은 나무는 환호성을 지르며 기뻐했다. 그런데 얼마 후 태풍에 작은 나무도 쓰러지고 말았다. 바람막이 되어 주고, 뜨거운 햇볕을 막아 줄 든든한 보호막이 없었기 때문이다. 작은 나무는 큰 나무를 의지해 살았건만 그 고마움을 모르고 원망만 하다가 자멸한 셈이다.

우리의 삶도 마찬가지다. 회사는 오너가 있어야 운영되고 직원이 있어야 유지된다. 서로가 서로에게 의지하며 존재하는 것이다. 이것이 상의상관 연기설이다.

하나의 별이 빛나는 것도 마찬가지다. 여러 별과 달이 있었기에 가능한 일이다. 한 송이 국화꽃이 피어나는 데도 봄에 소쩍새는 울었고, 여름에 천둥이 번개가 있었다. 또한 그 국화는 물·공기·햇빛·바람 등의 도움이 있었기에 가을에 꽃피우는 것이다. 국화꽃도 시공간의 도움이 있어야 존재하듯 우리는 끊임없이 인연을 맺고 살아간다. 이 세상에 존재하는 우리는 모두 주변 모든 이들의 도움으로 살아간다.

절대 자만해서는 안 된다.

주변에 원망하지 말라.

늘 감사하며 살아가자.

사람과 더불어 지혜롭게 살아가라

관계 속에서 중심을 잡는
부처님 말씀

41

악담이든 좋은 말이든 반드시 되돌아온다

남이 듣기 싫어하는 말은 하지 말고

악담을 삼가하라.

가는 말이 고와야 오는 말이 고운 법이다.

상대방에게 악담하거나 욕설을 퍼붓는다면

매를 들거나 폭행이 일어날 수 있음을 염두에 두라.

종소리가 은은하듯

좋은 의도로 부드럽게 말한다면

그에게는 어떤 시비도 발생하지 않는다.

이런 사람은 이미 인격이 완성된 사람이다.

《법구경》

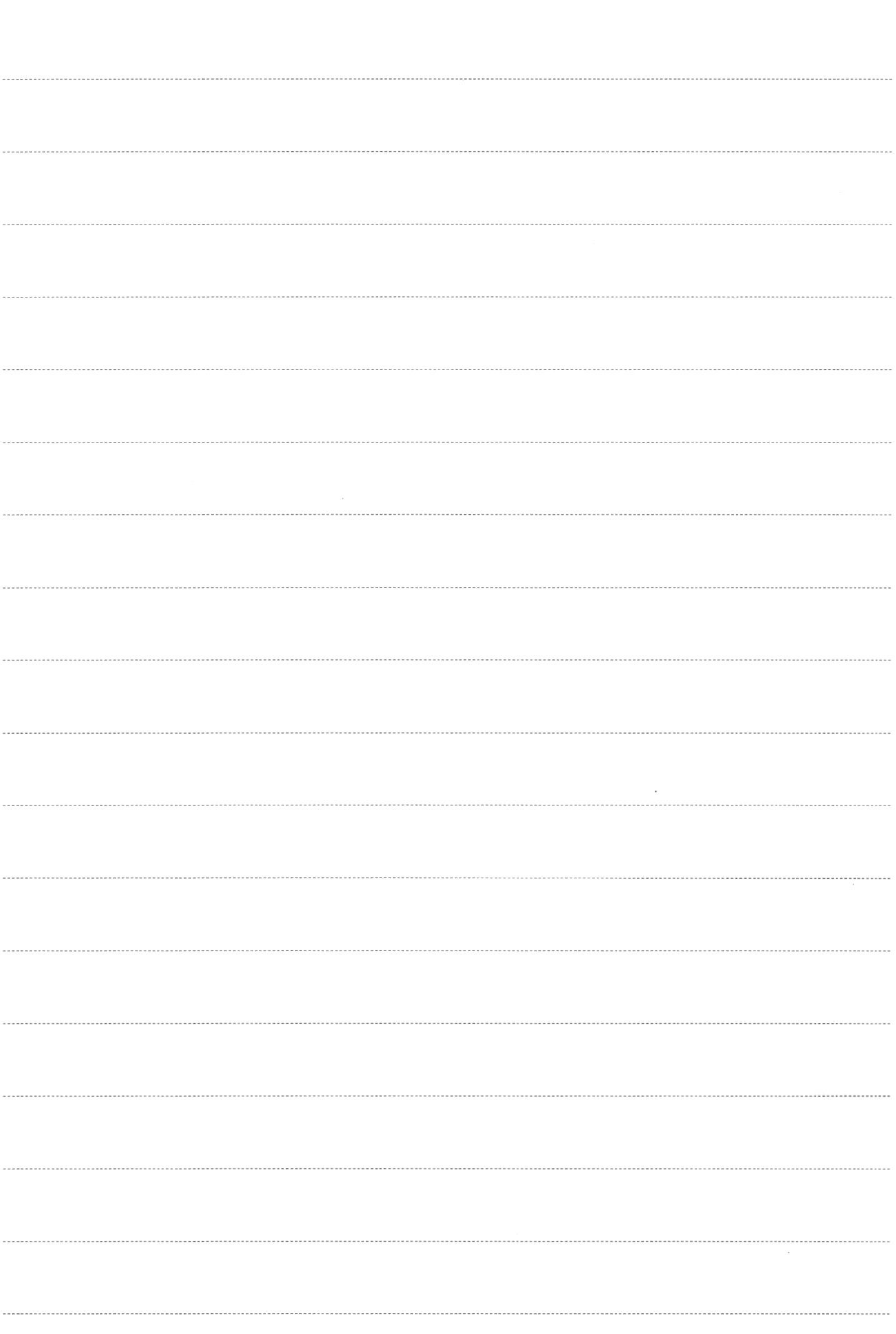

42

남의 충고를 감사하게 받아들여라

비난받아야 할 사람을 칭찬하고
칭찬받아야 할 사람을 비난하는 사람,
바로 그런 사람은 입으로 죄업을 더하고
더 나아가 그 죄업으로 업보를 받는다.

어느 누군가 그대에게 충고하면
반성하고 감사하게 받아들여라.
함께 하는 사람에게 미운 감정 품지 말고
최대한 긍정적인 말을 하여라.
시기가 적절하지 않을 때는 말을 삼가고
상대를 폄훼하려는 마음을 품지 말라.

《숫타니파타》

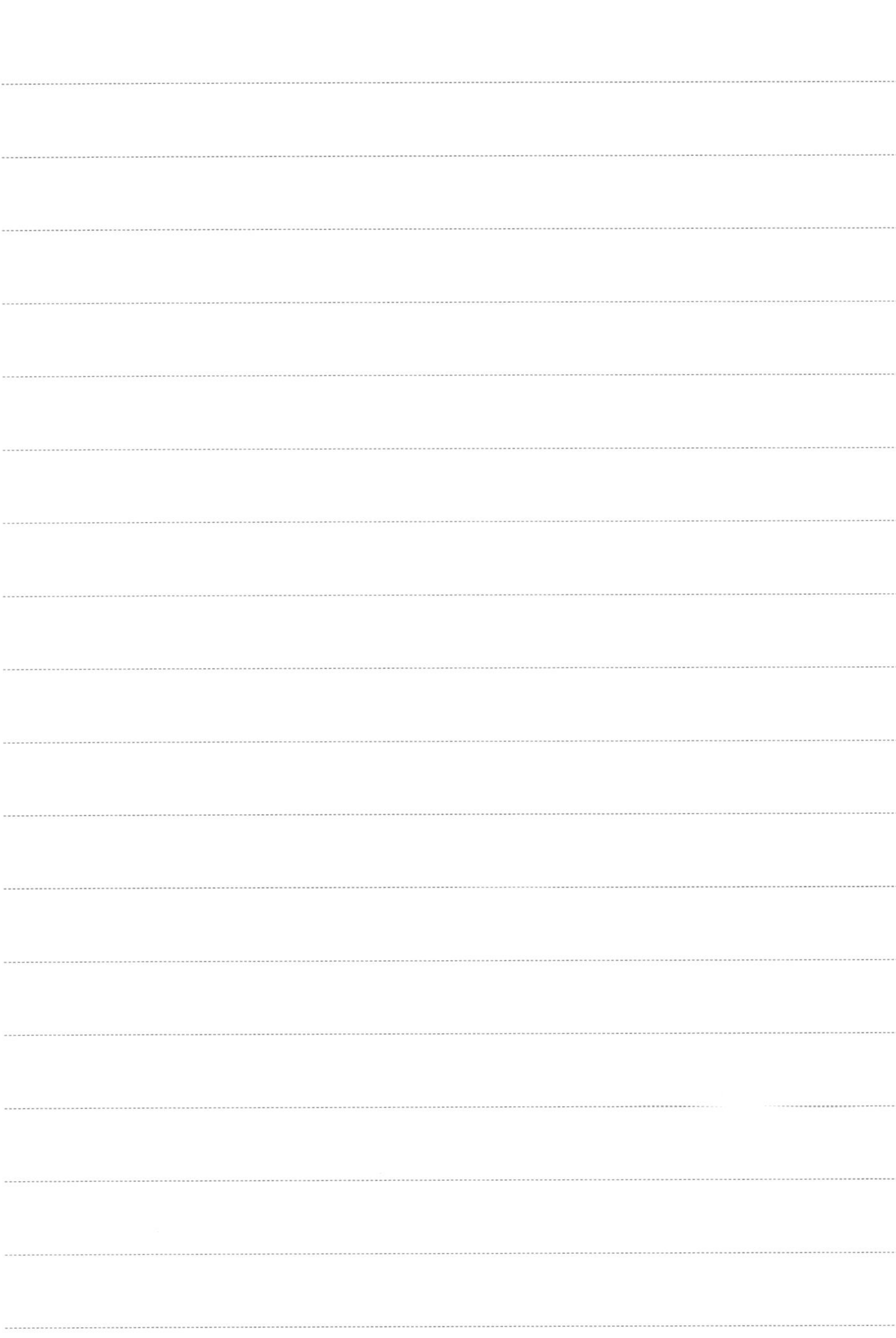

43

말에 마음을 담아라

부처님께서 제자들에게 말씀하셨다.

"수행자들이여! 말을 할 때는 네 가지를 염두에 두어라.

첫째는 최대한 좋은 말을 하라.

둘째는 법다운 말, 진리에 맞는 말을 하라.

셋째는 타인의 감정을 상하게 하는 말을 삼가라.

넷째는 말에 진심이 담겨 있어야 한다."

한 제자가 부처님 말씀에 의문을 품고 다시 물었다.

"사람에게 감정 섞인 말이나

상대에게 모욕적인 언사를 삼가라는 것입니까?"

부처님께서 말씀하셨다.

"영혼이 없는 말을 삼가라. 애정이 담긴 말을 하라.

감정이 섞인 말을 삼가고,

자신과 상대 모두에게 도움이 될 수 있는 말을 하라."

《숫타니파타》

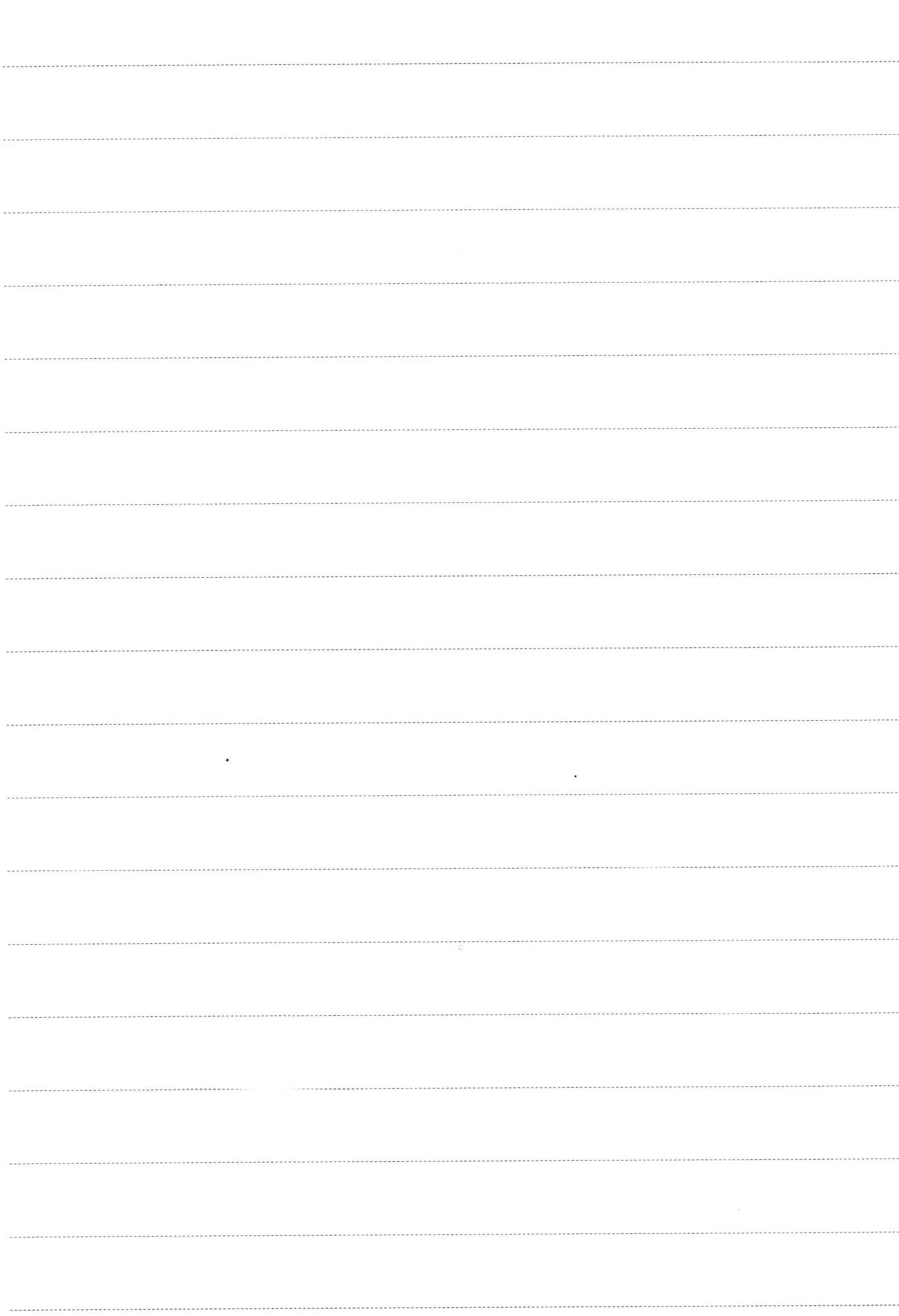

44

감정 상하지 않게 말하라

어느 스님이 부처님께 이런 질문을 하였다.

"부처님, 이제 막 출가한 스님들이 행동을 잘못할 때가 많은데
어떻게 해야 서로 감정 상하지 않게 충고할 수 있나요?"

부처님께서 말씀하셨다.

"남의 잘못을 들춰낼 때는 다섯 가지를 염두에 두어야 한다.

첫째, 들추려는 문제점이 사실인지, 혹 거짓 소문인지를 반드시 확인
해야 한다.

둘째, 어떤 문제를 지적할 때는 문제 제기할 시기가 적절한지를 살펴
야 한다.

셋째, 그 문제점에 대한 지적 사항이 상대방과 제삼자 모두에게 이익
이 되어야 한다.

넷째, 부드럽고 조용하며, 번잡하거나 까다롭지 않아야 한다.

다섯째, 상대에 대한 애정 어린 마음가짐으로 큰소리치거나 화내지
않아야 한다."

《잡아함경》

45

입에 칼을 물고 있다

사람들은 입 속에 도끼를 물고 있다.

나쁜 말이나 거짓말을 하는데

이는 스스로 자기 몸을 찍는 것과 같다.

칭찬해야 할 사람을 비방하거나 꾸짖어야 할 사람을 칭찬하는 사람은

결코 좋은 일이 아니다.

부처님께서 제자들에게 말에 대해 네 가지로 말씀하셨다.

"첫째, 좋은 감정으로 말해야 한다.

둘째는 험담하지 않고, 사랑을 담아 말한다.

셋째는 거짓됨 없이 진실되게 말해야 한다.

넷째는 이치에 맞게 말하는 것이다."

이때, 한 제자가 이런 말로 부처님의 말씀을 찬탄하였다.

"부처님! 말이란 자기도 이롭고, 남에게도 이로워야 합니다.

또한 부드럽고 사랑스러운 말을 해서

남을 기쁘게 하는 것이 구업口業을 짓지 않는 것입니다."

《잡아함경》

　　　　　　　　

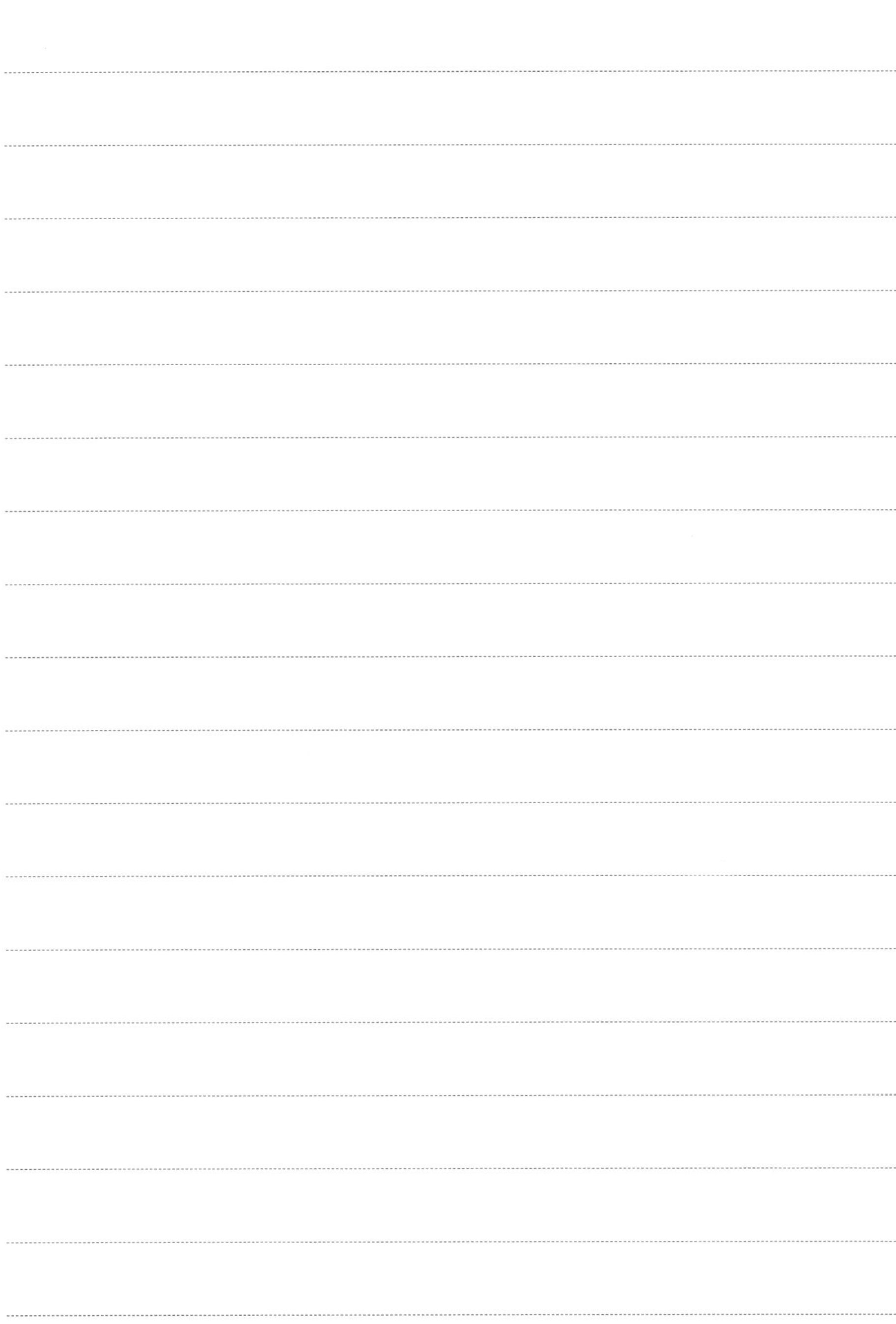

46

옳고 그름에 머물지 마라

보살은

모든 교만함·관념을

여의겠다는 마음을 내어라. [발심發心]

그 교만함·관념을 없애기만 하여도

깨달음의 경지이다.

《금강경》

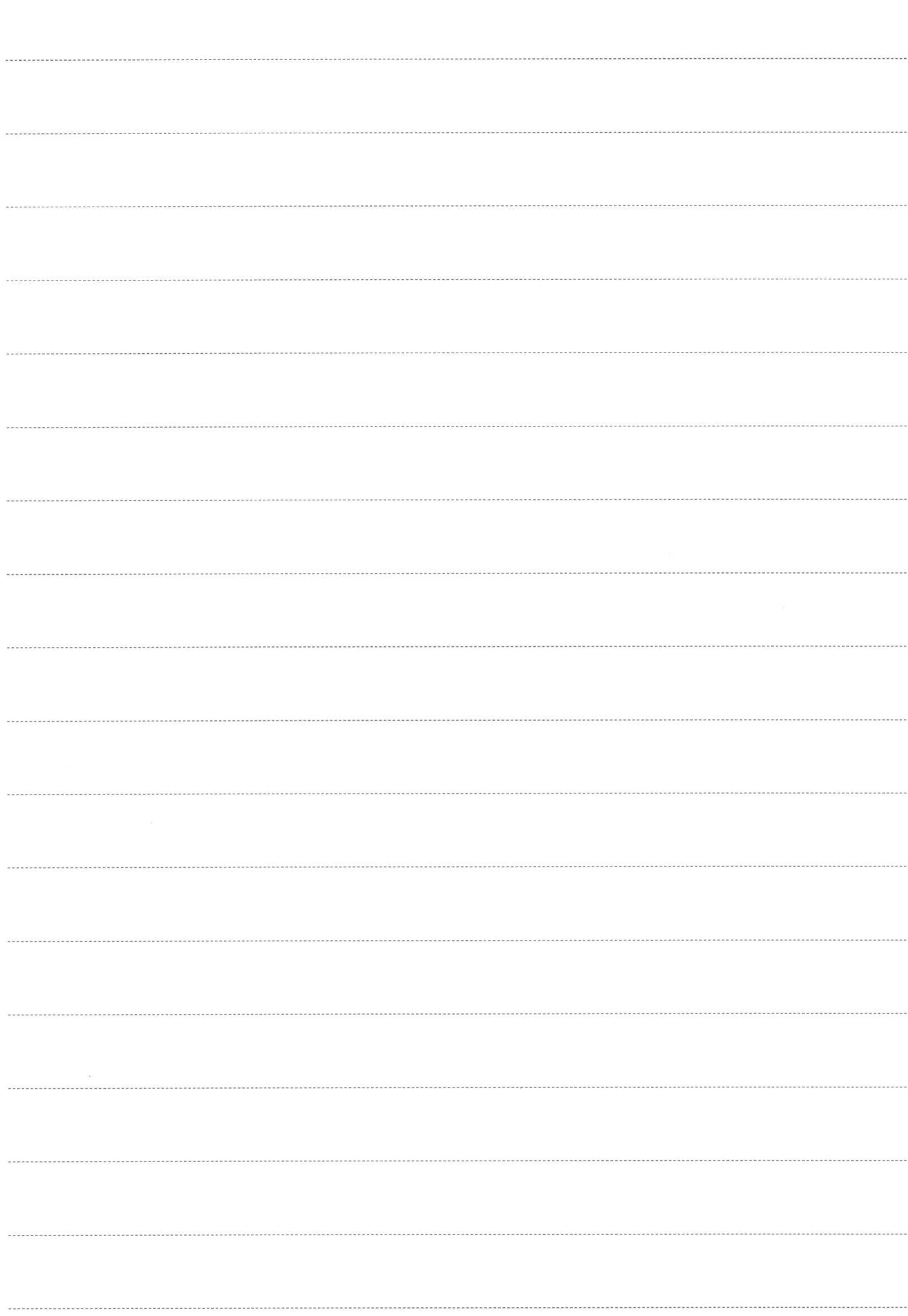

47

참된 벗과는 마음이 통한다

부끄러움도 느끼지 않고
나는 그대의 친한 친구라고 떠들고 다니면서
정작 친구가 어려운 일에 처했을 때
도와주지 않는 사람이 있다.
그런 벗이 있다면 절대 가까이하지 말라.

친구에게 허풍을 떨면서 우정은 이런 것이라며 말만 늘어놓고
실천하지 않는 사람이 있다.
그런 벗이 있다면 절대 가까이하지 말라.

기회만 있으면 절교할 것을 생각하며
상대방의 단점을 찾는 사람이 있다.
그런 사람은 참된 벗이 아니다.

반면 자식이 어머니에게 의지하듯
의지할 수 있는 벗을 가까이하라.
그런 우정은 어느 누구도 그 둘을 갈라놓을 수 없다.

《숫타니파타》

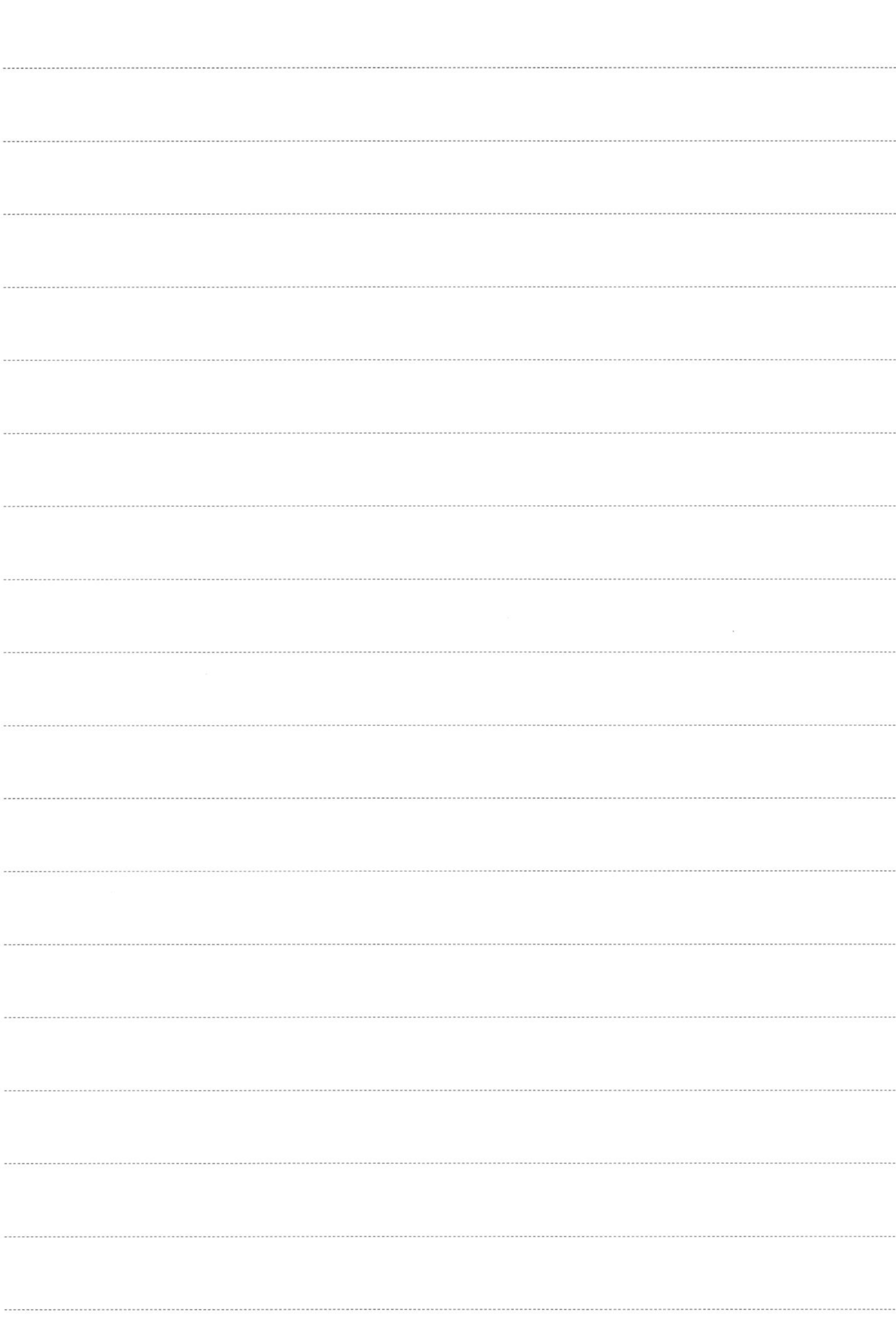

48

필요할 때만 나를 찾는 친구는 경계하라

착한 척하면서 가까이하려는 자들이 있는데,

이들에게는 네 종류의 무리가 있다.

첫째, 두려워하는 척하면서 엎드리는 사람이다.

주었다가 나중에 빼앗는 사람,

조금 주고 많은 것을 바라는 사람,

두려워하면서 억지로 친한 척하는 사람,

자신의 이익을 위해 친한 척하는 사람이다.

둘째, 말만 번지르르한 사람이다.

선과 악을 모두 따르는 사람으로서

자기 의사가 분명치 않은 사람,

벗에게 어려운 일이 생기면 모르쇠로 방관하는 사람,

겉으로 착한 척하면서 몰래 훼방 놓는 사람,

불이익이 생길 것 같으면 태세를 바꾸는 사람이다.

셋째, 공경하고 순종하는 척하는 사람이다.

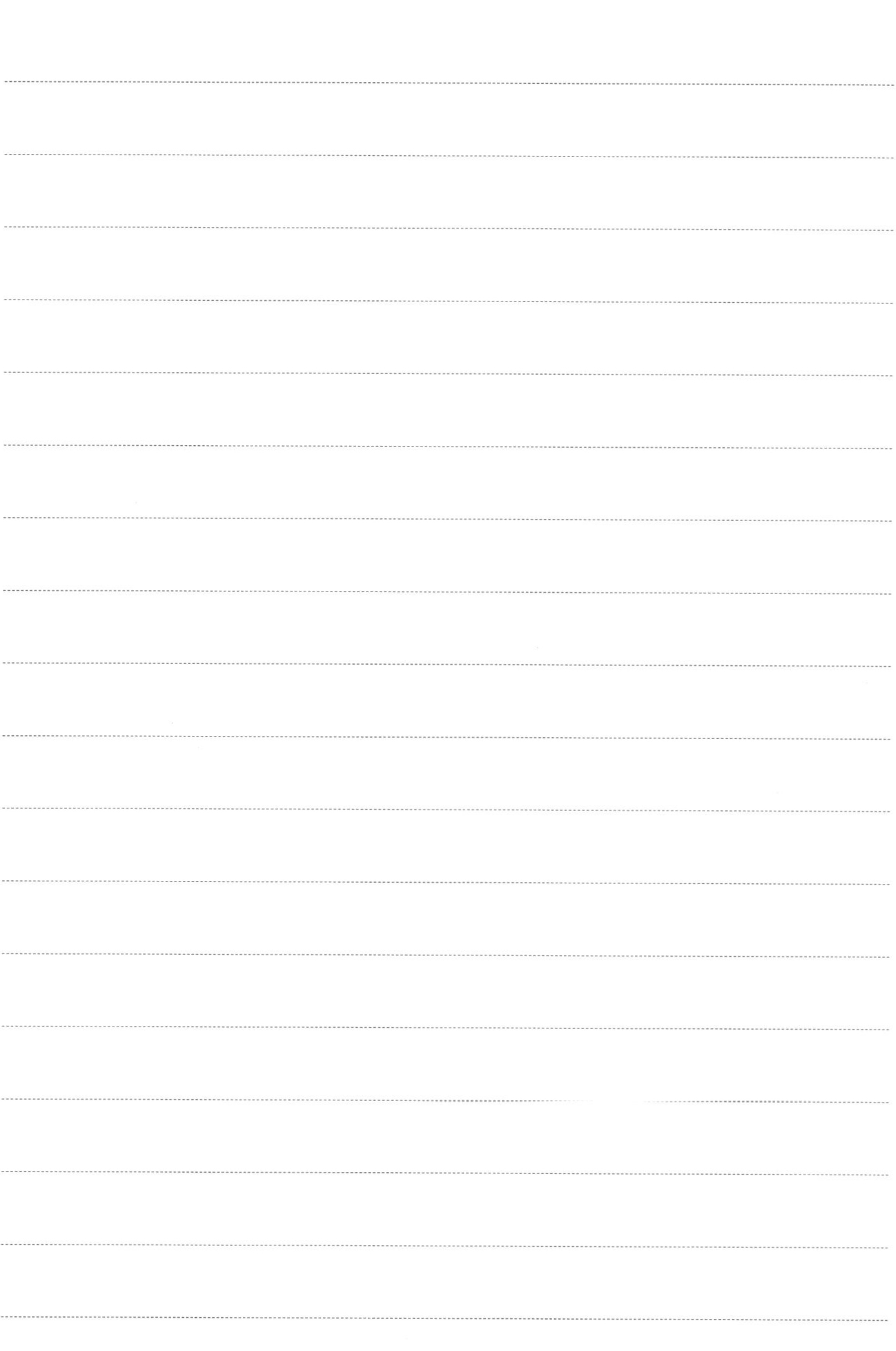

이런 사람은 속이는 일을 밥 먹듯이 하는 사람이다.

작은 허물에도 곧 몽둥이를 들거나 손으로 때리는 사람이다.

넷째, 사악한 벗이다.

술 마실 때만 친구라고 하는 사람,

도박할 때만 벗이 되는 사람,

음행을 함께 하자고 부추기는 사람,

노래나 춤 등 방탕한 일에만 함께하려는 사람이다.

이런 무리들은 되도록 멀리하라.

《장아함경》

  3장 · 사람과 더불어 지혜롭게 살아가라

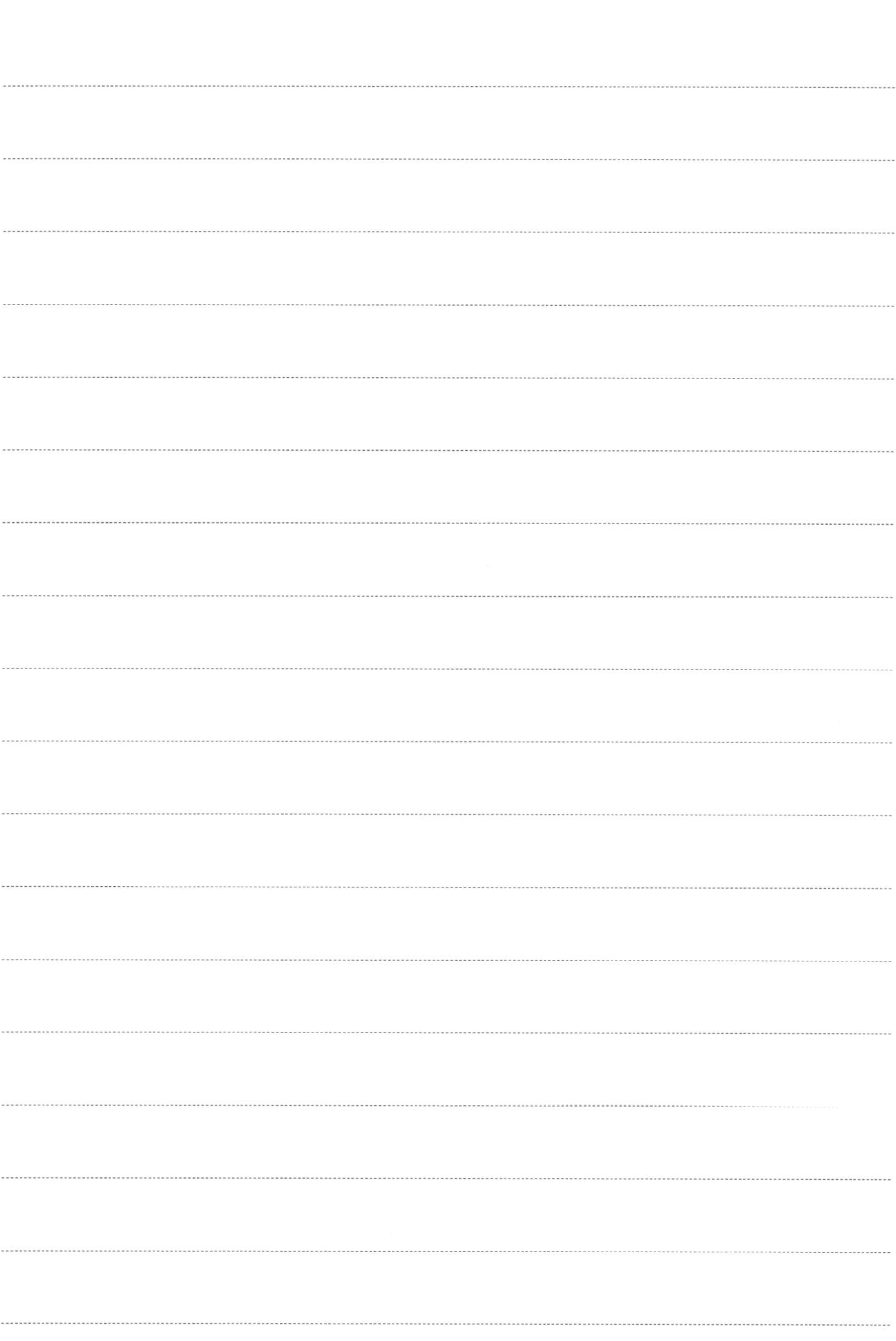

49

진정한 동행자

땅속에 묻혀 있는 보물을 캐러 갈 때 길잡이를 따르듯이

혹 그대의 잘못을 지적해 주는 이가 있다면

그를 따르라.

옳고 그릇된 것을 자세하게 일러 주는 사람이라면

그를 선지식으로 섬겨라.

반드시 인생에 발전이 있을 뿐 결코 손해는 없을 것이다.

어질고 진심이 담긴 벗을 만났거든

어떤 어려운 일이 발생할지라도 함께하여라.

그 벗이 의미 있는 인생길로 이끌어 줄 것이다.

혹 훌륭한 친구를 만났으면 겸손하며 진실하게 대하라.

그 벗으로부터 도움받고, 이익될 일이 생길 것이다.

이는 고통을 소멸하고, 행복을 얻는 길이다.

《법구경》

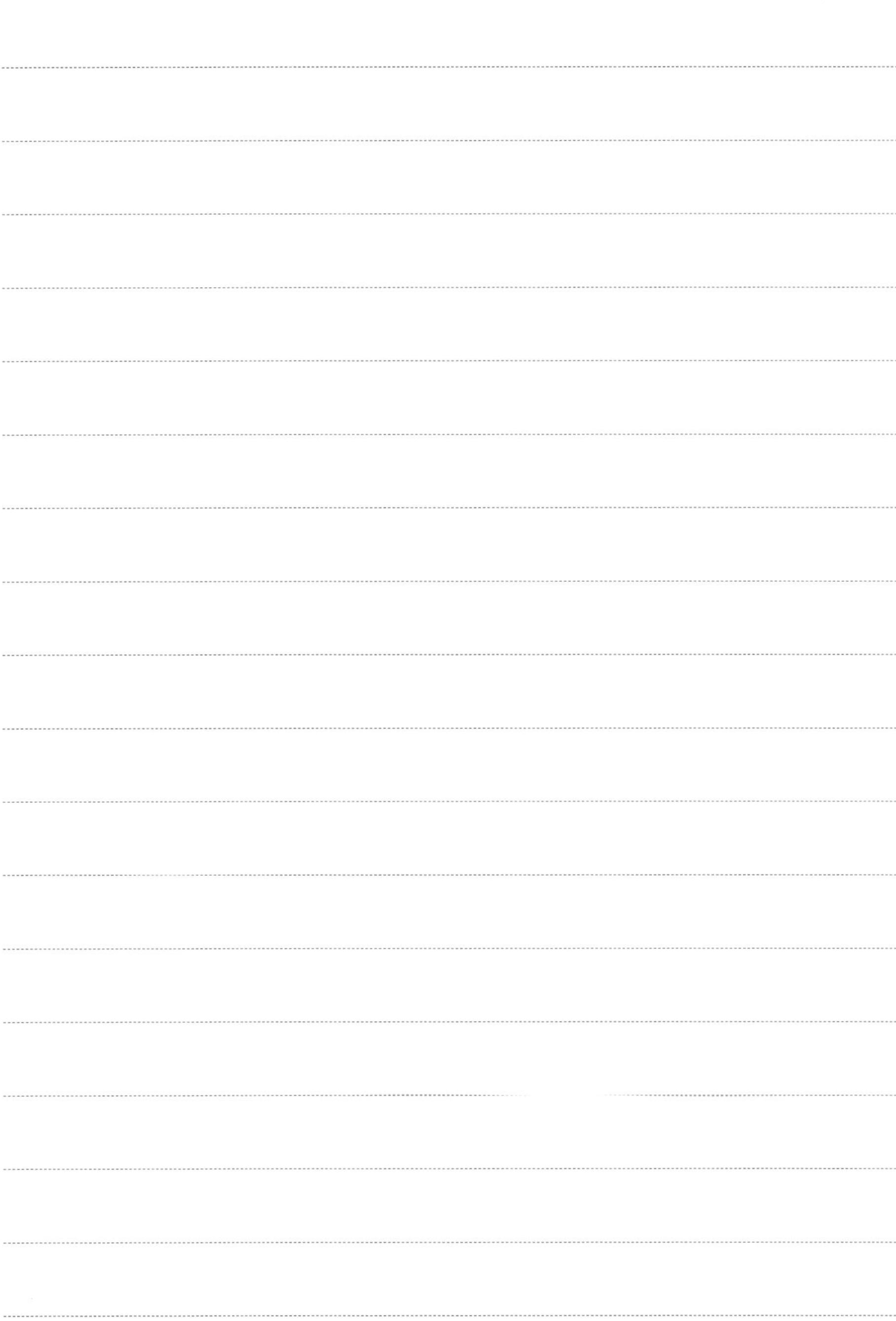

50

벗이 곧 길이다

아난이 부처님께 여쭈었다.
"세존이시여!
수행자에게 좋은 친구가 있다면
그 사람은 수행의 반을 완성한 것이 아닐까요?"

부처님께서 말씀하셨다.
"아난아! 그렇지 아니하다.
좋은 벗이 있다는 것,
좋은 선지식이 있다는 것,
좋은 사람들에게 둘러싸여 있다는 것은
수행의 전부를 완성한 것과 다름이 없느니라."

《잡아함경》

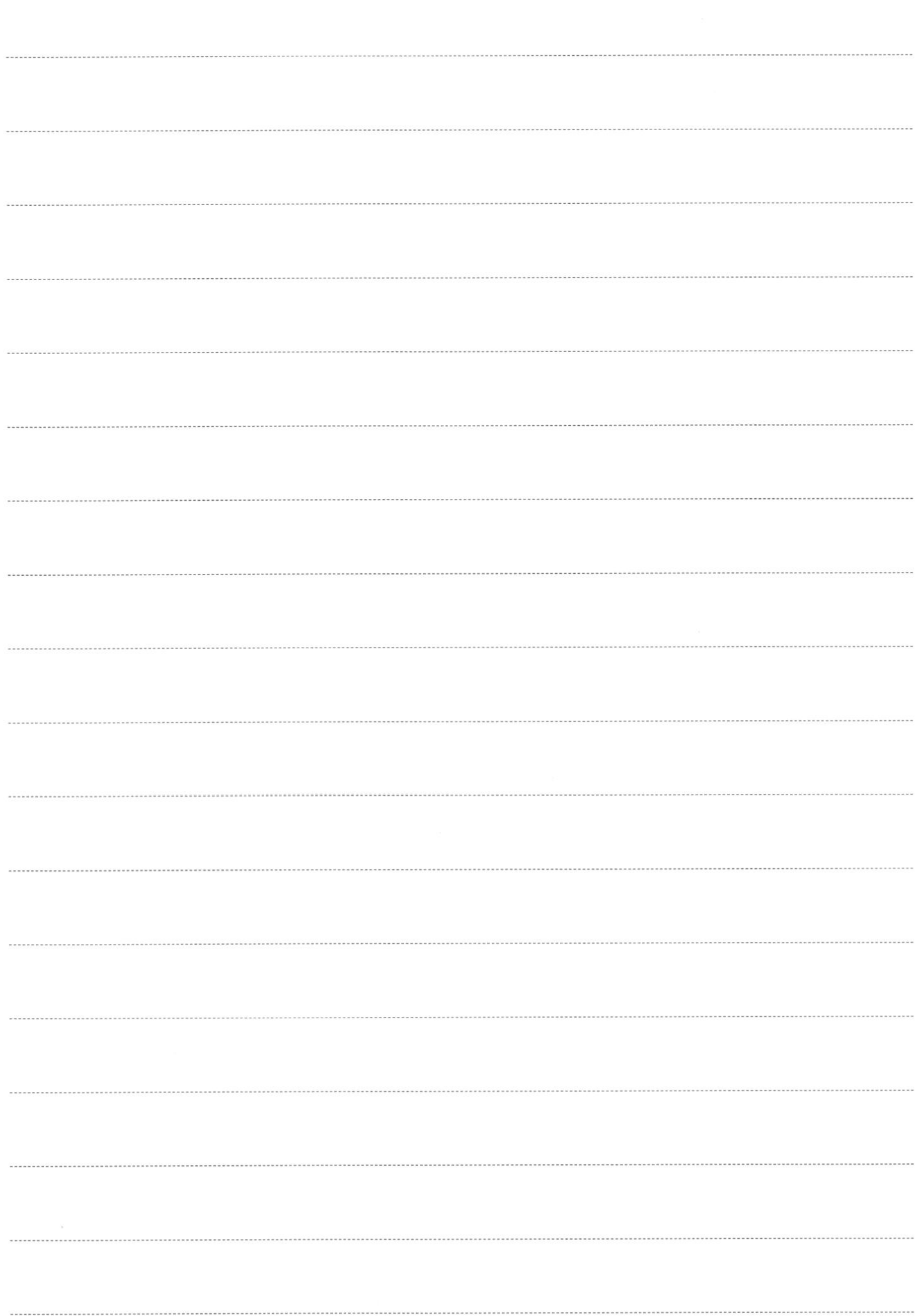

결혼과 행복의 접점

동물 중에 털이 날카롭고 뾰족한 고슴도치가 있다. 이 고슴도치는 얼굴과 몸의 배 쪽·꼬리·네 다리를 제외하고는 온몸에 날카로운 침 모양의 털이 촘촘히 있다.

어느 날 암수 고슴도치가 우연히 만나 사랑이 싹텄다. 혼자 사는 것보다 함께 살면 행복할 거라고 굳게 확신할 만큼 그들은 매우 사랑했다. 이들은 결국 결혼까지 골인했다.

그런데 두 고슴도치가 결혼한 지 채 3개월도 되지 않아 점점 틈이 나기 시작했다. 예전에는 모든 것이 예뻐 보였는데, 점점 단점이 눈에 띄기 시작한 것이다. 그 넓은 집이 점점 좁아 보이고, 상대방이 더 이상 천사가 아닌 악마로 변해 버렸다. 아내 고슴도치는 차라리 혼자 사는 것이 더 좋을 거라 생각하며 늘상 한숨을 쉬었고, 남편에 대한 불만이 점점 커졌다.

어느 날 고슴도치 부부를 잘 아는 친구가 방문했다. 이 친구는 아내 고슴도치에게 물었다.

'무엇이 그렇게 결혼 생활에 불만스럽냐?'

아내는 이렇게 대답했다.

'남편 고슴도치의 털이 너무 뾰족하고 털이 많아 나를 자꾸 찔러 더 이상 아픔을 당하기 싫다.'

이번에는 친구가 남편 고슴도치를 따로 불러 결혼 생활에 무엇이 불만이냐고 물었다. 그런데 아이러니하게도 남편도 아내가 말한 것과 똑같았다.

'나도 참을 만큼 참았다. 이제는 더는 참을 수 없다. 아내의 날카로운 털이 나를 자꾸 찌른다.'

아마 앞으로 함께 살아갈 부부, 지금까지 함께 살고 있는 부부도 이 고슴도치와 같지 않을까 싶다. 아내 고슴도치의 날카로운 침이 남편 고슴도치를 찔렀고, 반대로 남편 고슴도치의 침이 아내를 찔렀던 것이다. 그런데 고슴도치 부부는 자기가 상대에게 찌른 것은 생각하지 않고, 상대로부터 고통받은 것에만 불만을 품고 있었다.

우리는 자신이 상대방에게 준 상처는 까마득히 잊고 상대방에게 받은 상처만 마음에 두기 때문이다. 말 그대로 선택적 기억만 하는 것이다. 또 자신이 상대방에게 베풀려고 하지 않고 상대방이 자신에게 베풀기만을 바라기 때문에 불화가 생기는 것이 아닐까?

부모나 자식, 형제는 태어나면서부터 운명지어진 인연이다. 부모가 맘에 들지 않는다고 바꿀 수 없고, 자식이 마음에 들지 않는다고 바꿀 수 없다. 그런데 결혼하는 부부는 아니다. 부모와 자식의 인연은 반평생도 안 되지만, 부부는 한 평생의 인연이다. 운명적인 만남인 것 같지만 서로가 서로를 선택했다는 점이다. 그 선택을 했다는 것은 반드시 자기 책임을 수반한다는 점을 의식해야 한다. 선택한 만큼 서로가 서로에게 최선을 다한다면, 이 세상에서 가장 멋진 황제·황비가 될 것이다.

혹 살면서 부부에게 좋지 않은 일이 발생했을 때이다. 그럴 때 이렇게 해 보자.

첫째, 각자 종이에 상대에게 상처 주었던 일이나 사과해야 할 것만 기록해 보자.

둘째, 자신은 배제하고 상대가 원하는 것이 무엇인지를 적어 보자.

셋째, 충돌이 발생했을 때는 문제점의 화살을 자신에게 돌려야 한다. '어릴 때부터 자라온 환경의 차이가 있나 보다, 내가 이해력이 부족했나 보다, 혹시 오해한 것은 아닐까…'라고 자신의 결점을 먼저 탓해야지, 서로 상대방을 탓해서는 안 된다. 혹 부부의 불화가 계속된다면 자녀는 물론 양쪽 부모에게도 불행이 미칠 것이다.

인생에서 위대한 성공은 부와 명예가 아니다. 바로 인간관계인데, 부부 금실은 인생에서 최고의 행복이요, 최고의 성공이라고 생각된다. 부부가 행복하길 바란다.

이 글은 내가 결혼식 주례 맡았을 때 작성했던 원고를 재정리한 것이다. 오래전에 대학교 불교학생회를 지도했었는데, 그 제자 가운데 한 친구가 결혼 주례를 부탁했다.

부부만이 아니라 모든 인간관계는 서로가 가해자이자 피해자이다. 그런데 사람들은 자신을 피해자 입장에만 놓고, 상대에게 가해한 일은 잊어버린다. 다시 한번 주위를 둘러보자. 혹 나르시시즘에 떨어져 오만하지 않은지를….

51

무소의 뿔처럼 홀로 가라

우리는 친구를 통해 행복을 얻기도 한다.

자신보다 뛰어나거나 비슷한 친구를 가까이하라.

그러나 그런 친구를 만나지 못한다면

저 광야에 외로이 걷는 무소의 뿔처럼 홀로 가라.

세상을 살면서 다른 사람을 해치려 하지 말라.

그 어떤 상황에서든 주어진 현실에 만족하라.

온갖 고난을 이겨 내라. 두려워하지 말라.

저 광야에 외로이 걷는 무소의 뿔처럼 홀로 가라.

두 사람이 함께 있으면, 반드시 다툼이 일어나고,

서로 잔소리를 하게 된다.

사람과 사람 사이에 늘 다툼이 발생하는 법!

저 광야에 외로이 걷는 무소의 뿔처럼 홀로 가라.

사람들은 자신에게

이익이 되는지, 그렇지 않은지를 따져 친구를 사귄다.

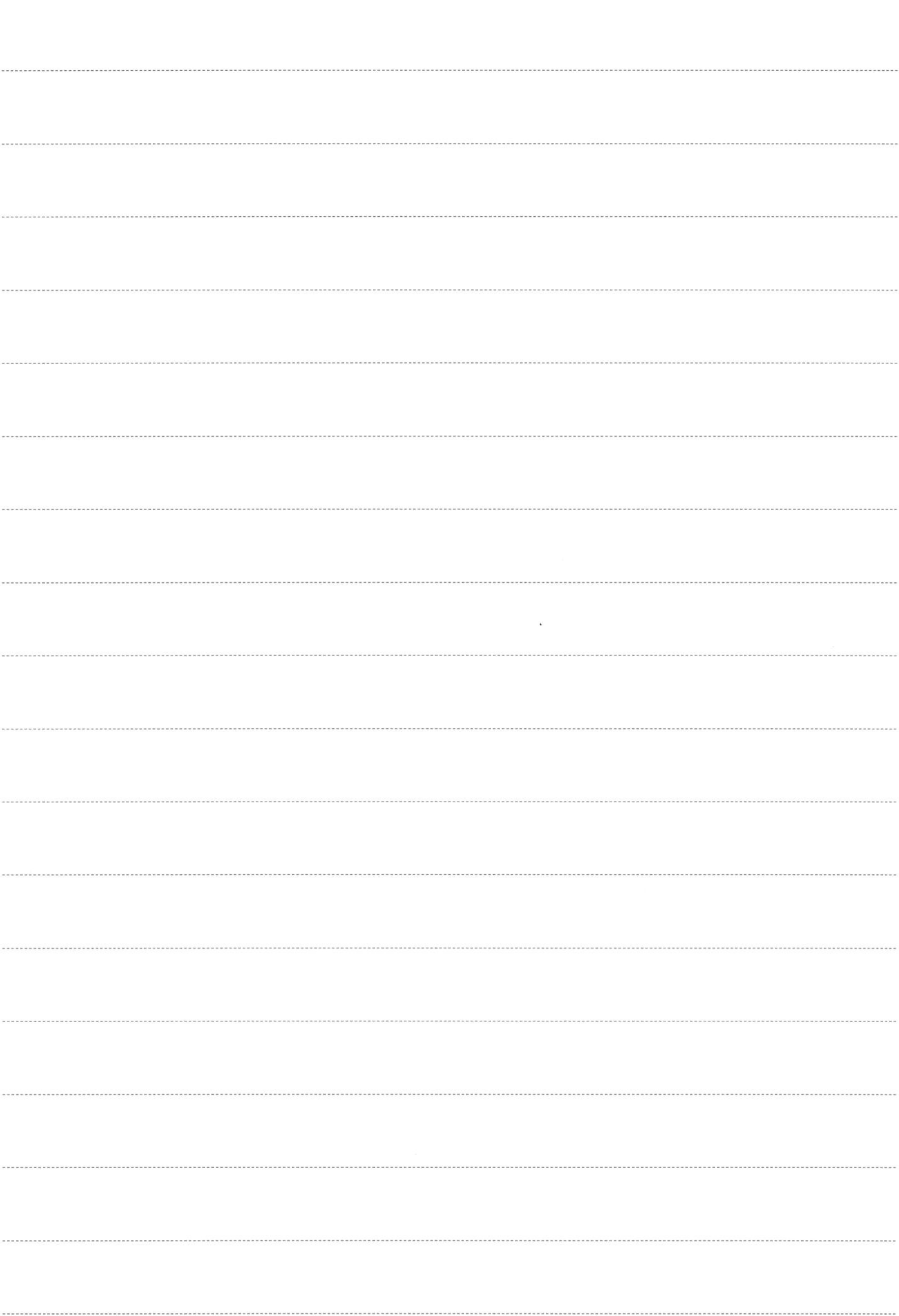

사람 간에 이해관계를 떠나 진정한 우정이 싹트기 쉽지 않다.

이런 인간의 본성을 염두에 두어라.

저 광야에 외로이 걷는 무소의 뿔처럼 홀로 가라.

최고의 목적에 도달하기 위해 노력 정진하되

마음의 안일함을 구하기 위해 요령 피우지 말라.

게으르지 말라.

열정적으로 행동하라.

체력과 지력을 갖추어라.

저 광야에 고고하게 걷는 무소의 뿔처럼 홀로 가라.

《숫타니파타》

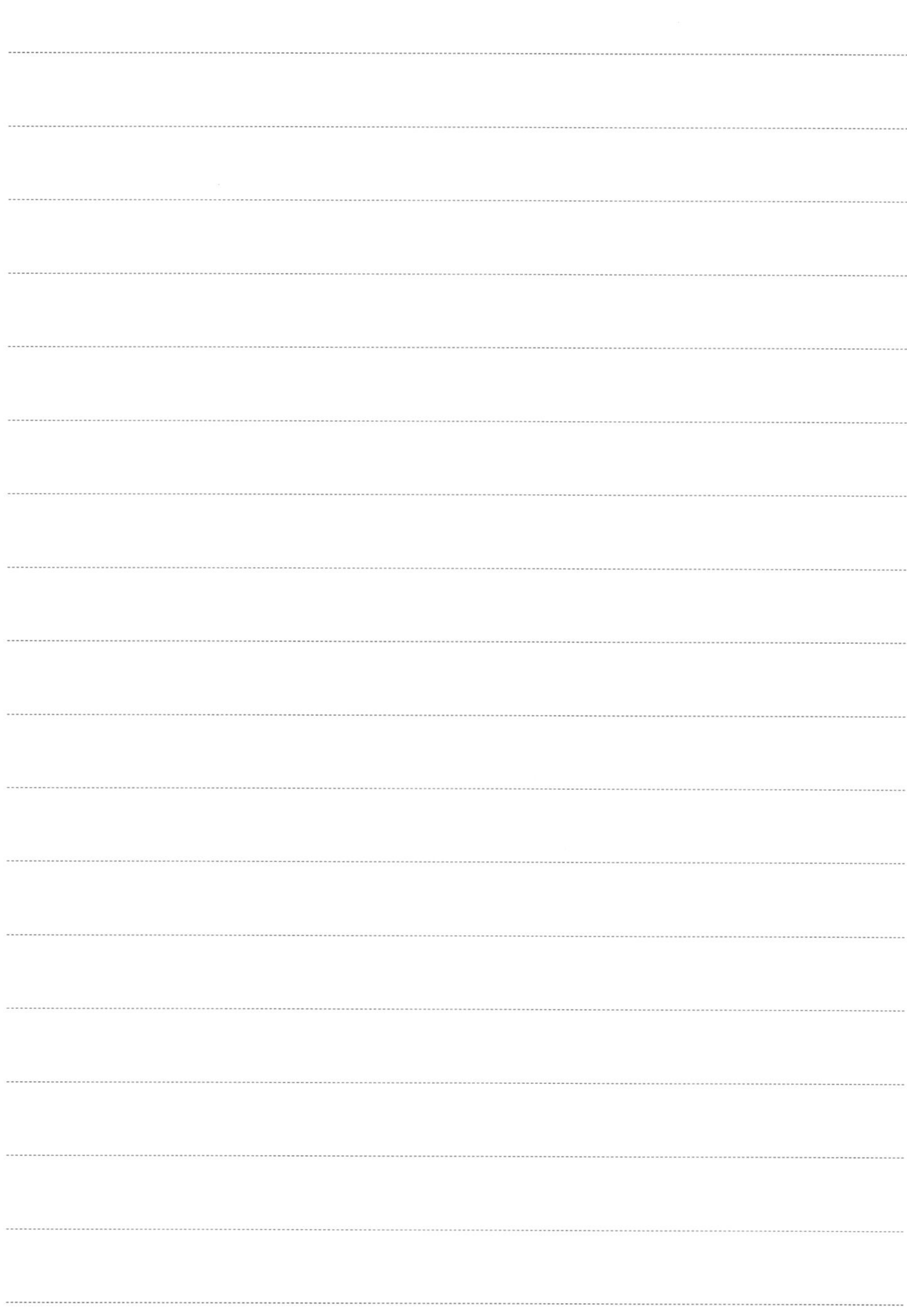

52

코끼리처럼 고고하게 홀로 가라

자신보다 훌륭하거나 비슷한 사람을 만나지 못했다면

코끼리처럼 고고하게 홀로 가라.

어리석은 자와 함께 하지 말라.

지혜롭고 덕 높은 벗을 만나지 못했다면

패망한 나라를 미련 없이 버리고 떠나는 황제처럼

코끼리가 숲속에 들어가는 것처럼

고고하게 홀로 나아가라.

어리석은 자와 길벗이 되는 것보다 홀로 가는 것이 훨씬 낫다.

숲속의 코끼리처럼 고고하게 홀로 가라.

어리석은 사람은 마치 숟가락이 국 맛을 모르는 것처럼

성자와 한평생을 함께 지내도 그가 성자인 줄을 알지 못한다.

지혜로운 사람은 마치 혀가 국 맛을 알듯이

성자와 잠깐 있으면 그의 사상과 진리를 금방 이해한다.

《법구경》

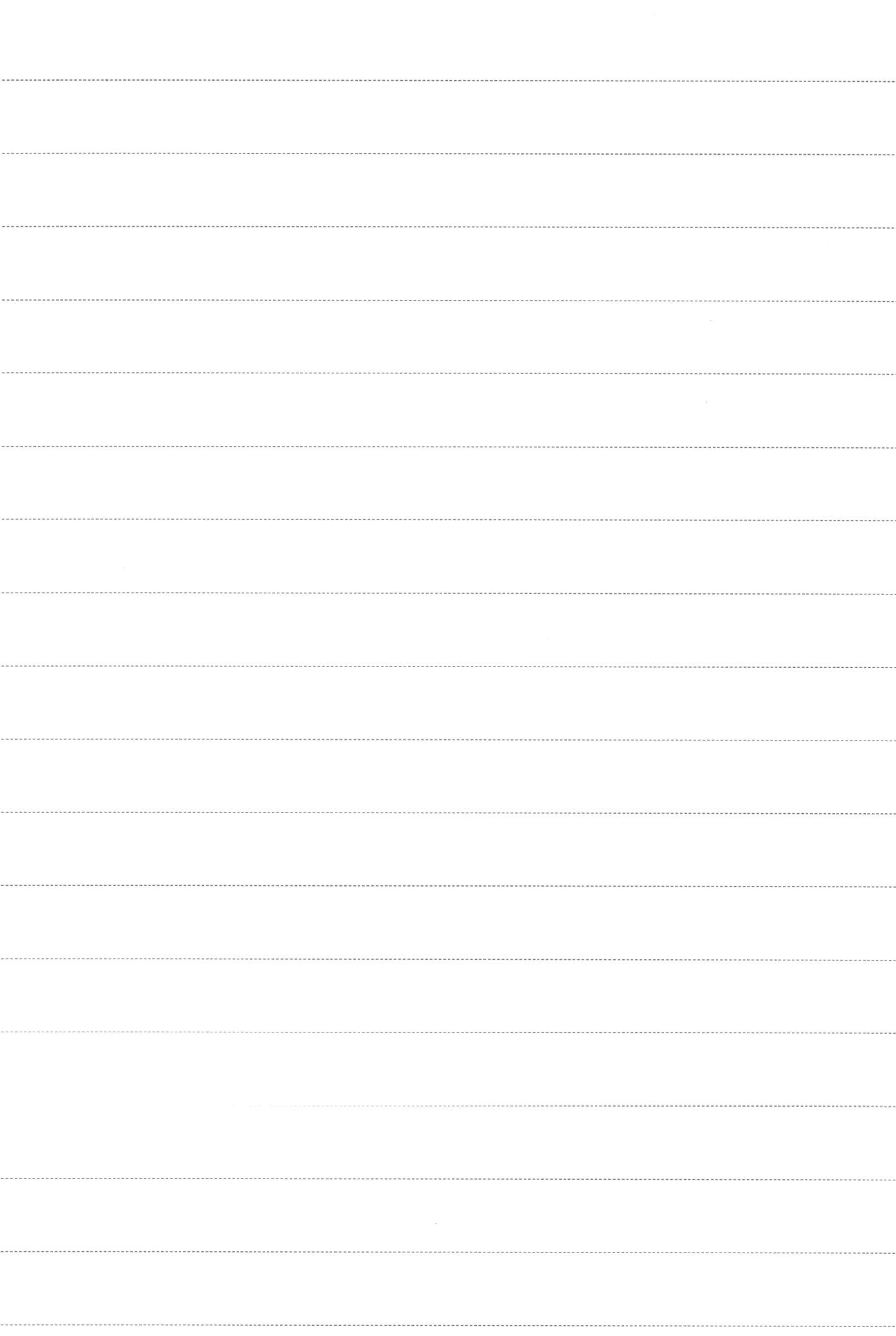

53

칭찬이든 비난이든 마음을 뺏기지 말라

사람들과 대화를 할 때 쓸데없는 말을 삼가라.

자신과 상대 모두에게 도움 되는 주제로

건전한 대화를 나누어라.

남을 헐뜯거나 비방하는 말을 삼가라.

누군가로부터 비방이나 비난의 말을 들으면

곧잘 화를 내는 사람이 있다.

이런 사람은 평판이 좋지 못하다는 것을 명심하라.

혹 그대에게 비방과 비난의 올가미가 옥죄어 온다면

먼저 자신의 그릇됨을 먼저 살피어라.

괜한 논쟁에 휘말려 마음의 고요함을 잃지 말라.

누군가로부터 비방을 받아도 분노하지 말고

혹 누군가에게 존경받아도 우쭐대지 말라.

비난받든 존경받든 마음의 평정을 잃어서는 안 된다.

《숫타니파타》

54

인생사, 그러려니 하라

아주 오래전부터 인간은 이러했다.

서로서로 헐뜯고 비방한다는 점이다.

또 말이 많으면 많다고 비방을 받고

말이 적으면 적다고 비방을 받는다.

한편 적당하게 필요한 말만 하여도

그렇게 한다고 비방을 받나니,

비방 받지 않는 사람은

이 세상에 아무도 없을 것이다.

지난 과거에도 오늘날에도 미래에도

오롯이 비방을 받는 사람은 없을 것이다.

반대로 칭찬만 받는 사람은 더더욱 없을 것이다.

칭찬과 비방이란 허울 좋은 이름뿐이요,

바람과 같은 것!

금방 지나간다.

《법구경》

55

나의 허물을 먼저 보라

남의 허물은 쉽게 눈에 띄지만

자기 허물은 보이지 않는다.

남의 허물은 겨처럼 까불면서

자기 허물은 교묘하게 속이며 감춘다.

자기 허물은 숨기고 남의 허물을 들춰내는 사람이 있다.

이런 사람은 괴롭고 불행한 일만 발생할 것이요,

평화로운 일상이 생기지 않을 것이다.

《법구경》

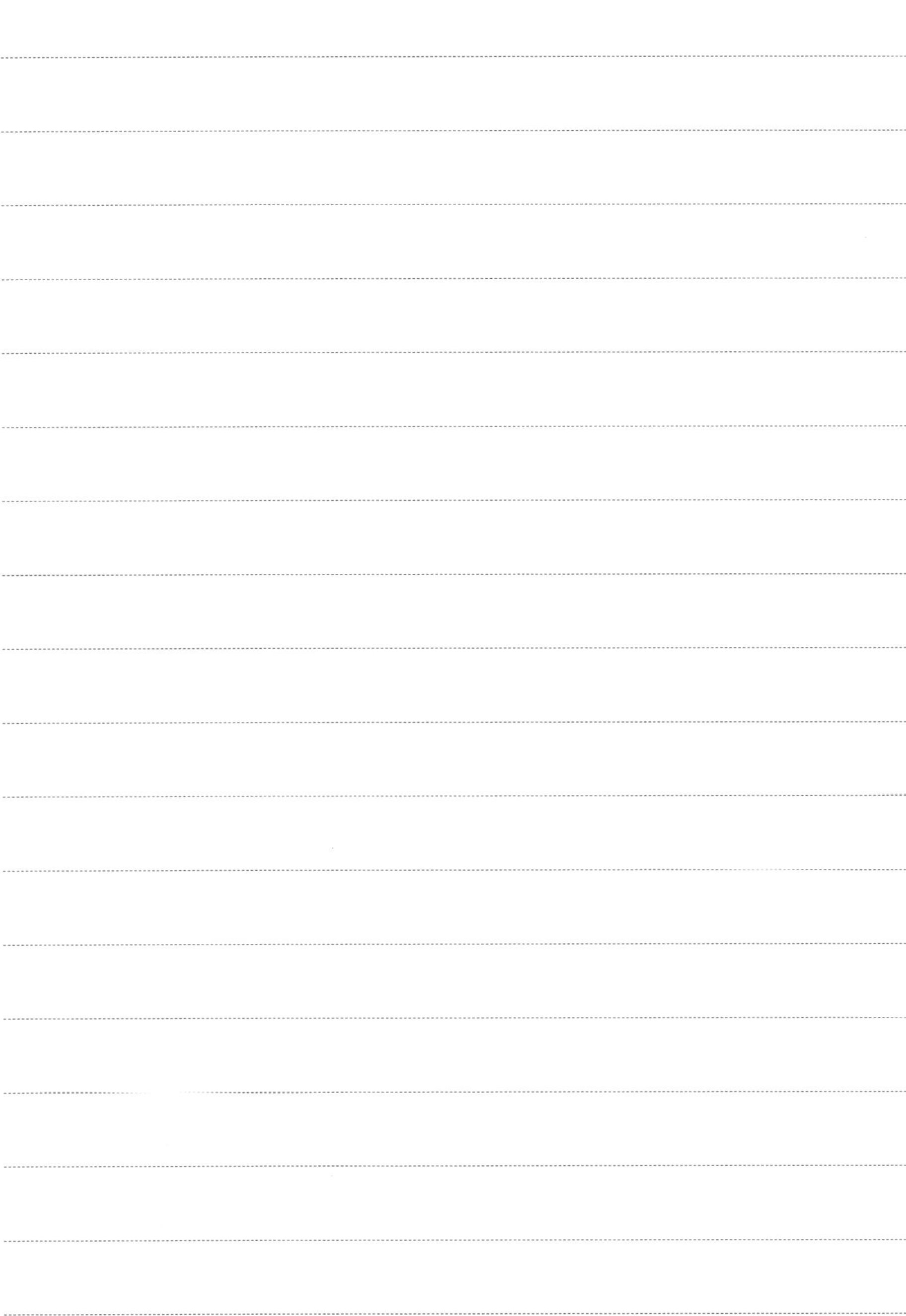

56

어느 한쪽에 치우치지 말라

남을 헐뜯는 비난이나 비방을 삼가라.

작은 일에 노여워하지 말고

인색하지 않으며 무엇이든 베풀어라.

어떤 일에 있어 자신과 맞든 맞지 않든 간에

어느 한 편에 기울어 편을 만들지 말라.

편견을 가진 사람은 주변에서 자주 비난받는다.

그런데 보편적 견해를 가진 사람은

어느 쪽이 옳다, 그르다는 편견에 떨어져 있지 않다.

그러니 이런 사람을 어찌 비난하겠는가?

명상을 추구하는 사람은 좋다, 싫다는 편견에 떨어지지 않고

그 어디에도 집착하지 않는다.

모든 속박으로부터 훨훨 벗어나야 한다.

《숫타니파타》

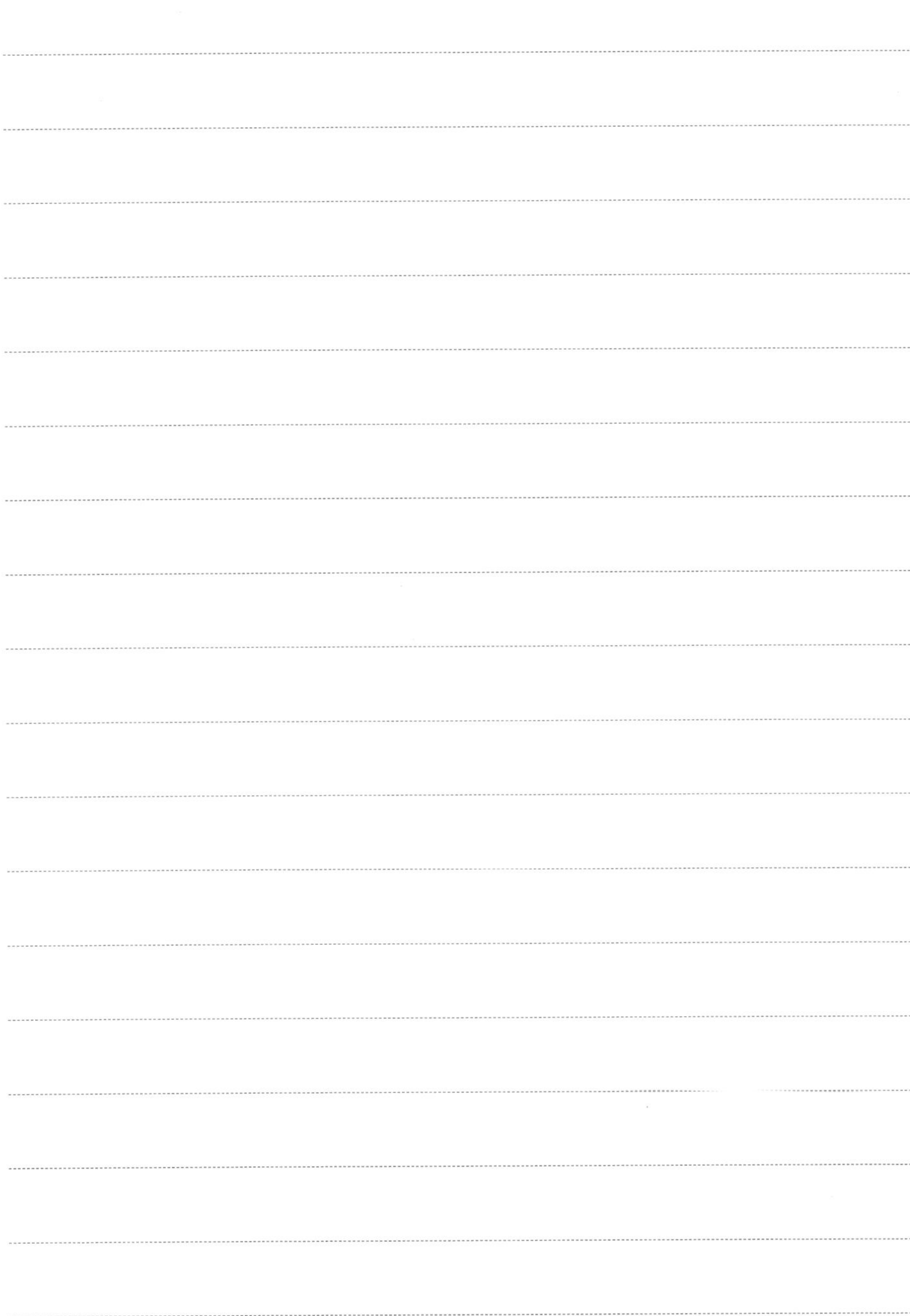

57

욕설을 들어도 성내지 말고 칭찬에도 겸손하라

혹 어떤 사람으로부터 욕 듣고 매질당하며 꾸짖음을 당할지라도

상대방에게 성내지 않고 미워하지도 말며

그를 해치려는 앙심도 품지 말라.

사람들로부터 욕설을 듣고 꾸짖음을 받을지라도

이런 생각을 해야 한다.

저 사람에게 꾸짖음을 당하게 된 데는

내가 원인 제공을 했을 것이요,

내가 지었던 것에 대한 과보를 받는 것이다.

그런데 반대로 혹 사람들로부터 존경받으며 섬김을 받게 될 때도 있다.

그런 때에도 쉽게 그 상대방에게 호감을 갖거나 좋아하지 말라.

사람들이 나를 좋아하는 것은

자신들에게 지혜를 얻게 해 주었기 때문이라고 생각하고

그들에게 자비로 보답해야 한다.

《중아함경》

　　　　3장 · 사람과 더불어 지혜롭게 살아가라

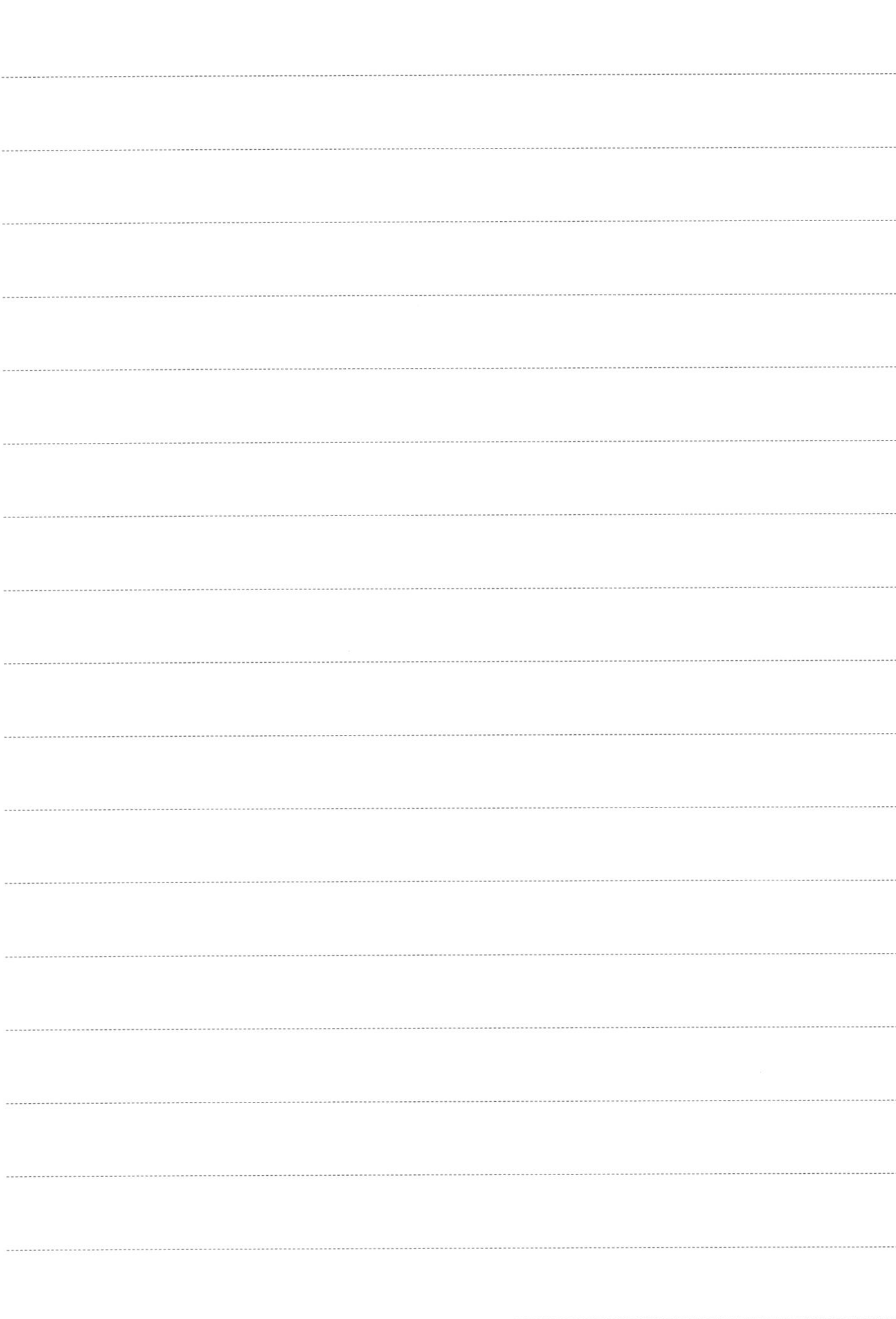

58

사랑하는 사람도, 미워하는 사람도 갖지 말라

사랑하는 사람도 갖지 말라.

미워하는 사람도 만들지 말라.

사랑하는 사람은 만나지 못해 괴롭고

미운 사람은 만나서 괴롭다.

그러니 사랑하는 사람을 갖지 말라.

누군가를 사랑하면 곧 애인에 대해 미움이 싹튼다.

애증 관계가 없는 사람은 얽매임도 없고 구속도 없다.

애착으로부터 근심과 두려움이 생긴다.

애착이 없다면 근심이나 두려움은 발생하지 않는다.

애착과 미련이 없는데 어찌 근심과 두려움이 생기겠는가?

가까운 관계로부터 근심과 걱정이 발생하는 법이요,

친하기 때문에 미움이 생기고 두려움이 발생한다.

서로 친함이 없다면 근심 걱정이 없거늘

어디에 두려움이 생기겠는가!

《법구경》

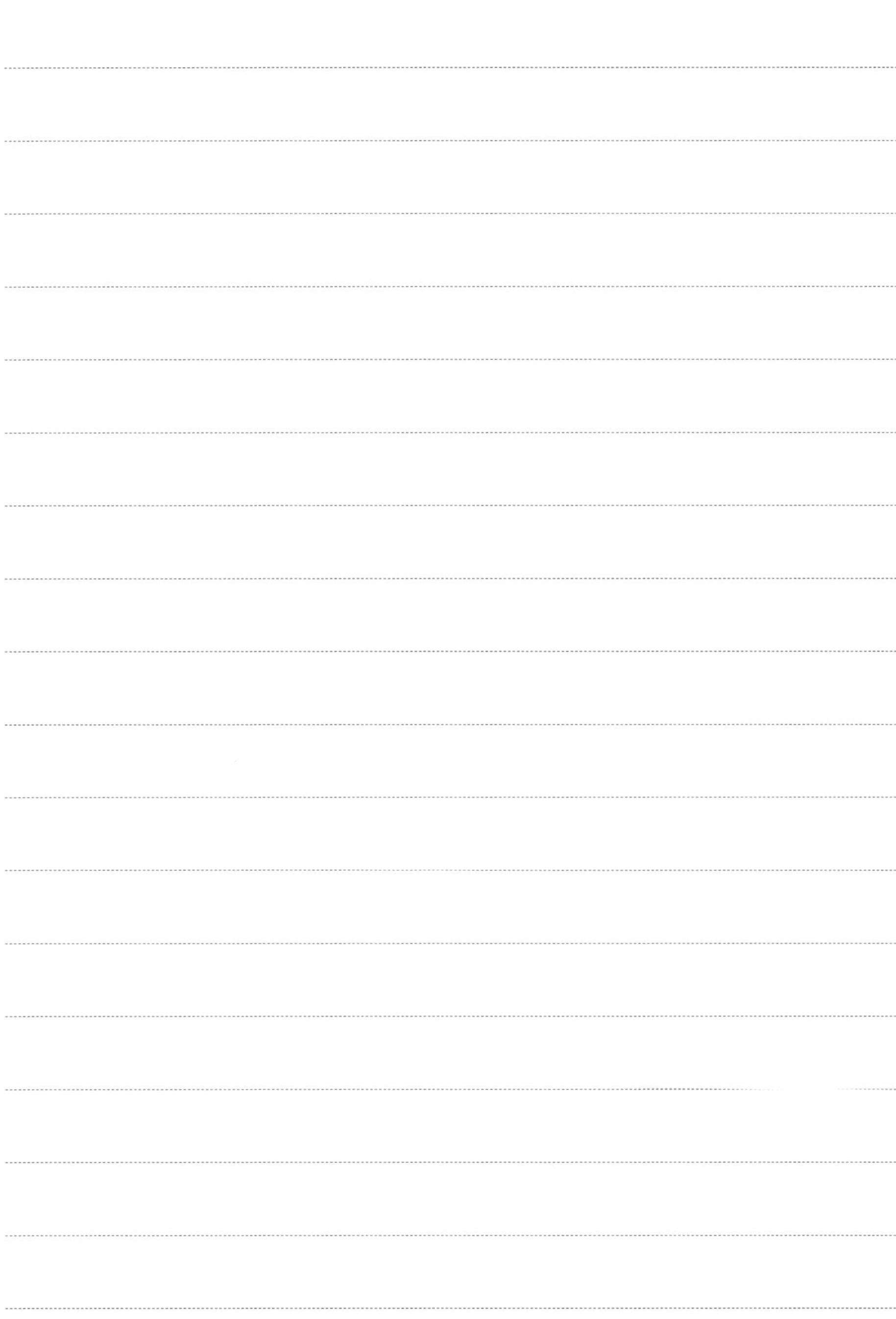

59

긍정적으로 살아라

승리자는 주변에 원한 품은 자들에 의해 견제를 받는다.

반면 패자는 슬픔에 빠져 괴로워한다.

이기고 지는 일이 인생에 다반사인 것!

다투지 말고 행복하게 살아가자.

원망하지 말고 긍정적으로 살아라.

많은 사람이 마음에 원한을 품고 사는데,

그런 사람들 틈바구니에 살면서도 원망하지 말고 살아가라.

근심 속에 살면서도 근심에서 벗어나 편안하게 살라.

근심이 가득한 사람들 속에 살면서도 근심과 두려움에서 벗어나

그대 홀로 고고하게 나아가라.

《법구경》

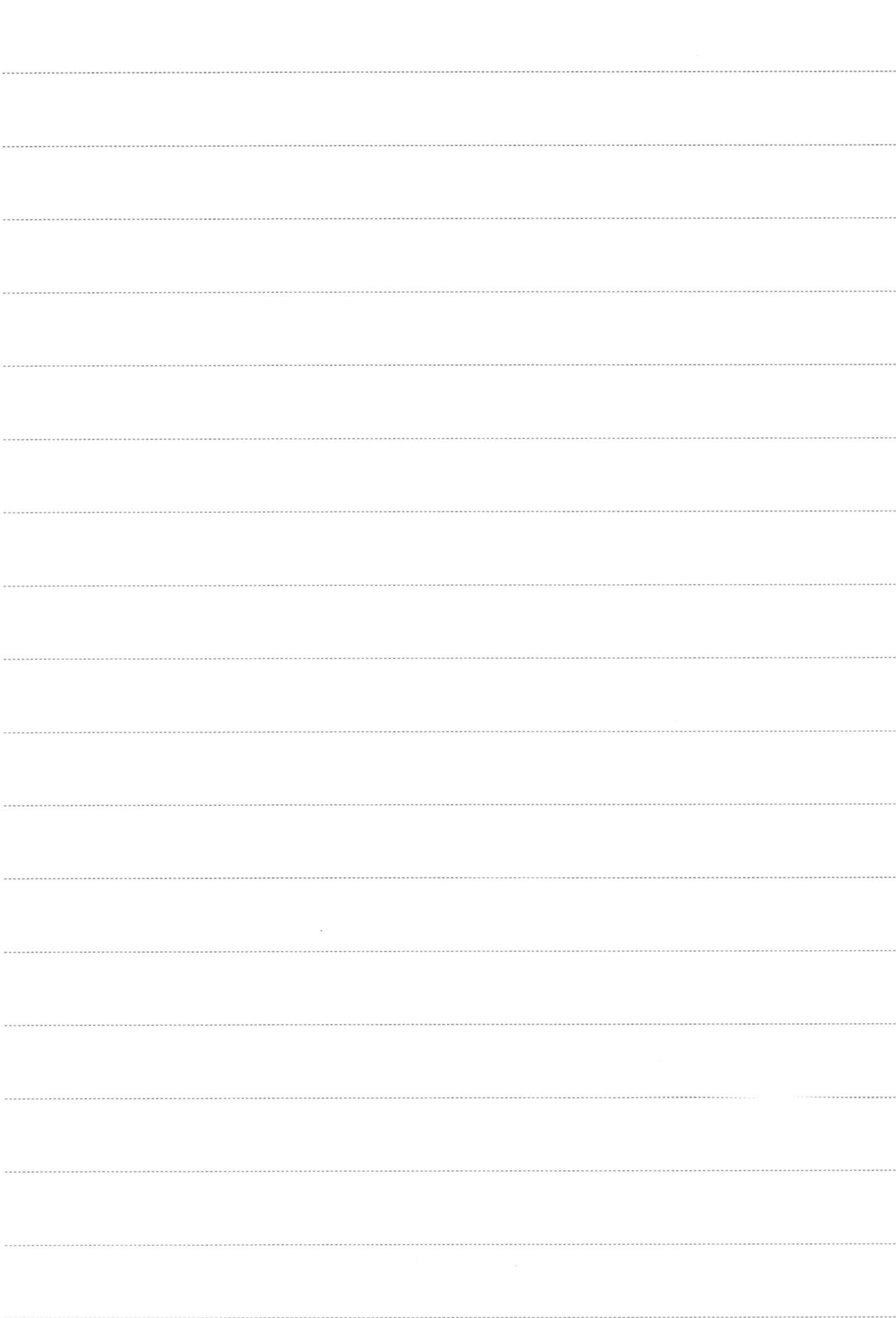

60

외모로 사람을 판단하지 말라

부처님 제자 중에 얼굴이 매우 못생긴 비구가 있었다.

그는 다른 비구들로부터 따돌림을 받았고

사람들도 그와 함께하기를 꺼릴 정도였다.

어느 날 부처님께서 대중에게 법을 설하고 있는데

그 비구가 걸어오고 있었다.

다른 비구들은 못생긴 비구를 업신여기며 쳐다보는 것조차 피했다.

부처님께서 그 모습을 보시고 말씀하셨다.

"그대들은 저기 오는 비구가 얼굴이 못생겼다고

업신여기거나 꺼려서는 안 된다.

저 비구는 모든 번뇌를 이미 다 소멸하였고,

수행을 완성해 해탈한 사람이다.

비구들이여! 외모와 겉모습만으로 사람을 평가하지 말라.

오직 사람의 진실됨과 인격으로 평가해야 하느니라."

《잡아함경》

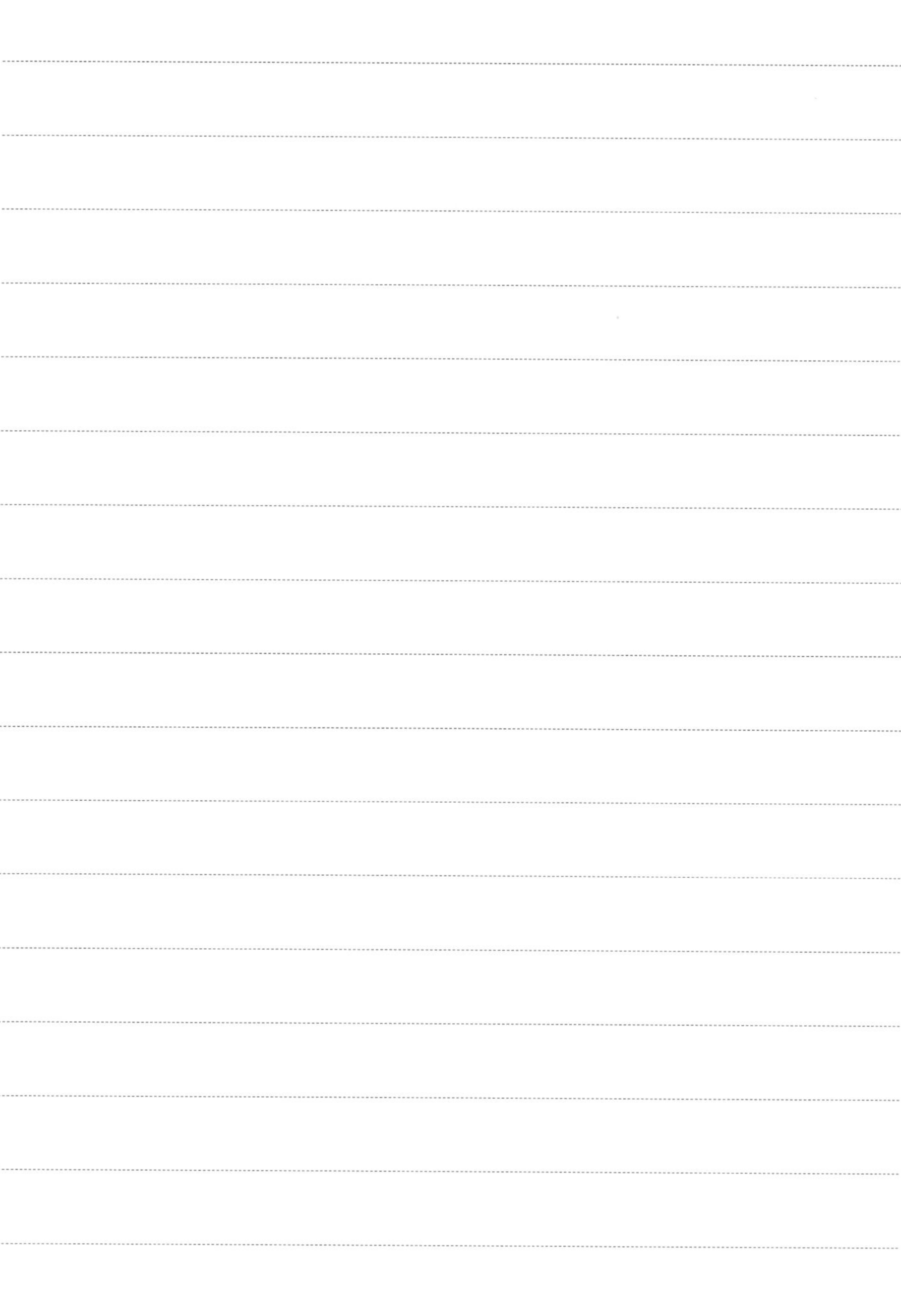

사람의 운명을 바꾸는 그 한마디

수십여 년 전 유럽 어느 시골 마을, 작은 성당이 있었다. 하루는 그 성당에서 아르바이트하던 아이가 실수로 주일 미사에서 사용하는 포도주잔을 바닥에 떨어뜨렸다. 이를 본 신부님은 화가 잔뜩 나서 아이의 뺨을 때리며 악담을 퍼부었다.

"멍청한 자식아, 여기서 나가! 다시는 성당에 오지 마!"

이 소년이 훗날 장성해서 사회주의자가 되었고, 유고슬라비아 대통령이 되었다. 바로 티토 대통령이다. 그는 이후 기독교를 탄압했다. 유고슬라비아는 다민족 국가로서 민족마다 종교가 달랐다. 역사가 그러하듯 민족주의와 종교가 결탁되는 경우가 흔하다. 정치인들은 민족을 단합시키거나 민중의 지지를 얻기 위한 수단으로 다른 민족의 종교를 탄압하는 경우도 있었다.

앞의 이야기는 티토 자신이 직접 밝힌 이야기이다. 또 이 어린 소년은 신부의 제의를 빨리 벗기지 못했다는 이유로 여러 번 매를 맞았다고 하였다. 어린 시절, 신부로부터 받은 모욕적인 말이 그가 살아가는 동안 종교에 대한 부정적인 인식이 형성되었을 것으로 생각한다.

나는 이 인물과 정반대의 경험이 있다. 중학생 시절, 학교에서 군인에게 위문편지를 보내는 시간이 있었다. 의무적으로 하던 일이었고 학생들은 각자 몇 통의 편지를 썼다. 다음 날, 담임 선생님이 종례 시간에 내 이름을 호명하며 칭찬한 기억이 선명하다. 시간이 오래 지났지만, 그 기억이 내가 글을 쓰게 된 씨앗이 된 것 같다.

사회적으로 물의를 일으키는 사건들을 보면 순간 화를 참지 못해 일어나는 경우가 다반사라고 한다. 가해자들 중에는 피해자의 악담이나 모욕적인 언사 때문에 상대에게 범행을 저질렀다는 변명을 하기도 한다. 이것이 가해자의 행위를 정당화할 수는 없다. 다만 말 한마디가 한 순간의 운명을 결정짓는다는 점을 염두에 둘 필요가 있다.

불교에서는 나쁜 말이나 악담하는 것을 구업口業이라고 한다. 그래서 '구업은 모든 원결과 화의 문'이라고 하였고, 《명심보감》에도 "입은 화를 부르는 문이고, 혀는 몸을 자르는 칼口是禍之門 舌是斬身刀"이라고 하였다. 그만큼 인간관계에서 말로 인한 실수가 큰 화를 부르기 때문이다.

그러나 말이 항상 부정적인 결과만 가져오는 것은 아니다. 불자들이 독송하며 기도하는 《천수경》의 첫머리에 정구업진언淨口業眞言이 있다.

"수리수리 마하수리 수수리 사바하."

이 주문은 경전을 독송하기 전에 입으로 지었던 나쁜 말을 참회한다는 뜻이다. 또한 입을 통해 모든 사람에게 "행복하라", "훌륭하다", "성공할 것이다"라고 찬탄하고 칭찬, 축원해 주는 뜻이 담겨 있다.

입으로도 좋은 일을 할 수 있다. 누구나 아는 속담으로 "말 한마디로 천 냥 빚을 갚는다"라는 말이 있다. 천 냥은 오늘날 가치로 환산하면 5,000만 원에서 7,000만 원이라고 한다. '인사만사人事萬事'라고 돈의 물리적 가치를 떠나 인간관계만 좋다면 모든 일이 순조롭다.

살다 보면 칭찬보다는 비판이나 악담을 더 많이 듣게 되기도 한다. 구업을 피하는 방법의 하나가 상대를 칭찬하는 일이 아닐까 생각한다. 좋은 말을 많이 하면 인간관계 또한 좋은 인연이 될 것이다. 앞에서 포도주잔을 깨뜨린 아이가 티토 대통령이 되었던 그 이야기처럼 말 한마디가 사람의 운명도 바꿀 수 있다는 점, 명심하자.

삶의 무게를 묵묵히 견디어라

힘든 시간을 지나게 해 주는
부처님 말씀

61

선인선과 악인악과

살면서 그릇되고 나쁜 행동을 밥 먹듯이 하는 사람은

현생에서도 힘든 일이 많고

다음 생에서도 불행한 일만 생긴다.

자신이 지은 잘못된 행동 때문에

현생에서도 다음 생에서도 나쁜 과보를 받는다.

살면서 올바른 행동이 몸에 배어 습관적으로 실천하는 사람은

현생에서도 좋은 일만 생기고

다음 생에서도 행복한 일만 생길 것이다.

결국 자신 스스로 행동한 선업으로

현생에서도 다음 생에서도 좋은 과보를 받는다.

《법구경》

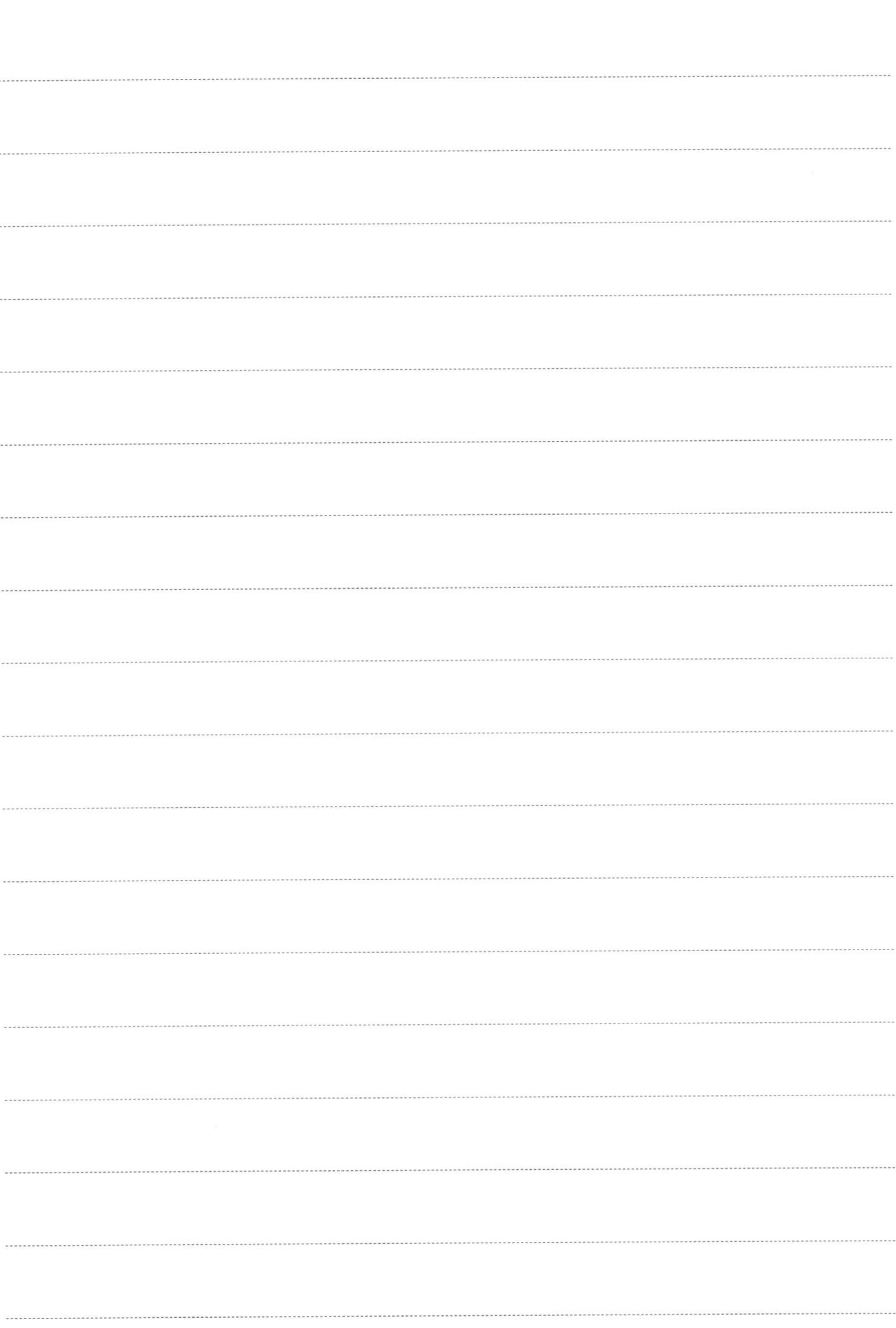

62

모든 것은 나로부터 비롯된다

적이 내게 주는 피해보다

또 원수가 내게 주는 피해보다

자신의 그릇된 생각과 탐욕에서 만들어진 피해가 훨씬 크다.

모든 것은 내게서 비롯되는 것, 남을 원망하지 말라.

부모가 그대에게 그 어떤 것을 베풀지라도

혹 친척이 그대에게 어떤 이로운 것을 베풀지라도

자신의 노력으로 성공하는 것,

스스로의 노력으로 이뤄 낸 업적이

진정한 행복이다.

《법구경》

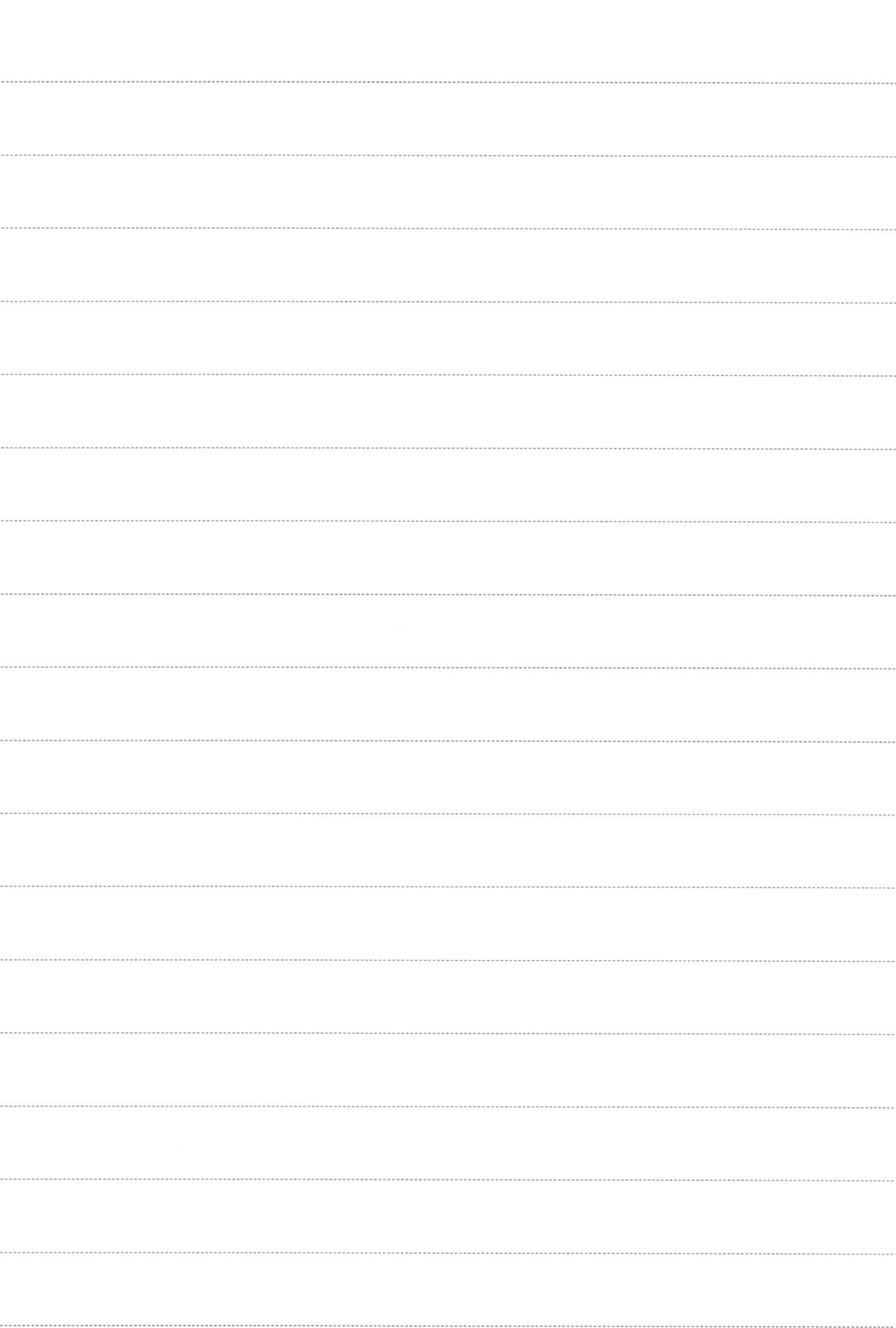

63

자신을 의지하고, 진리를 의지하라

부처님께서 80세에 열반하기 며칠 전이다.

제자 아난에게 말씀하셨다.

"아난아!

나도 이제 늙었고, 나이가 들어 몸이 쇠하였다.

마치 낡은 수레가 가죽끈의 도움으로 간신히 움직이듯이

나의 몸도 가죽 끈의 도움을 받아서 유지하고 있는 것과 같다.

내 나이는 익을 대로 익었고, 내 목숨은 얼마 남지 않았다.

그대들을 두고, 나는 떠나야 한다.

그대들은 열심히 수행하며 계율을 잘 지켜라.

그러니 아난아!

너희들 비구들은 자신을 의지처로 하고

타인을 귀의처로 하지 말라.

또 진리를 의지처로 해 진리에 귀의하며

다른 것에 귀의하지 말라."

《장아함경》

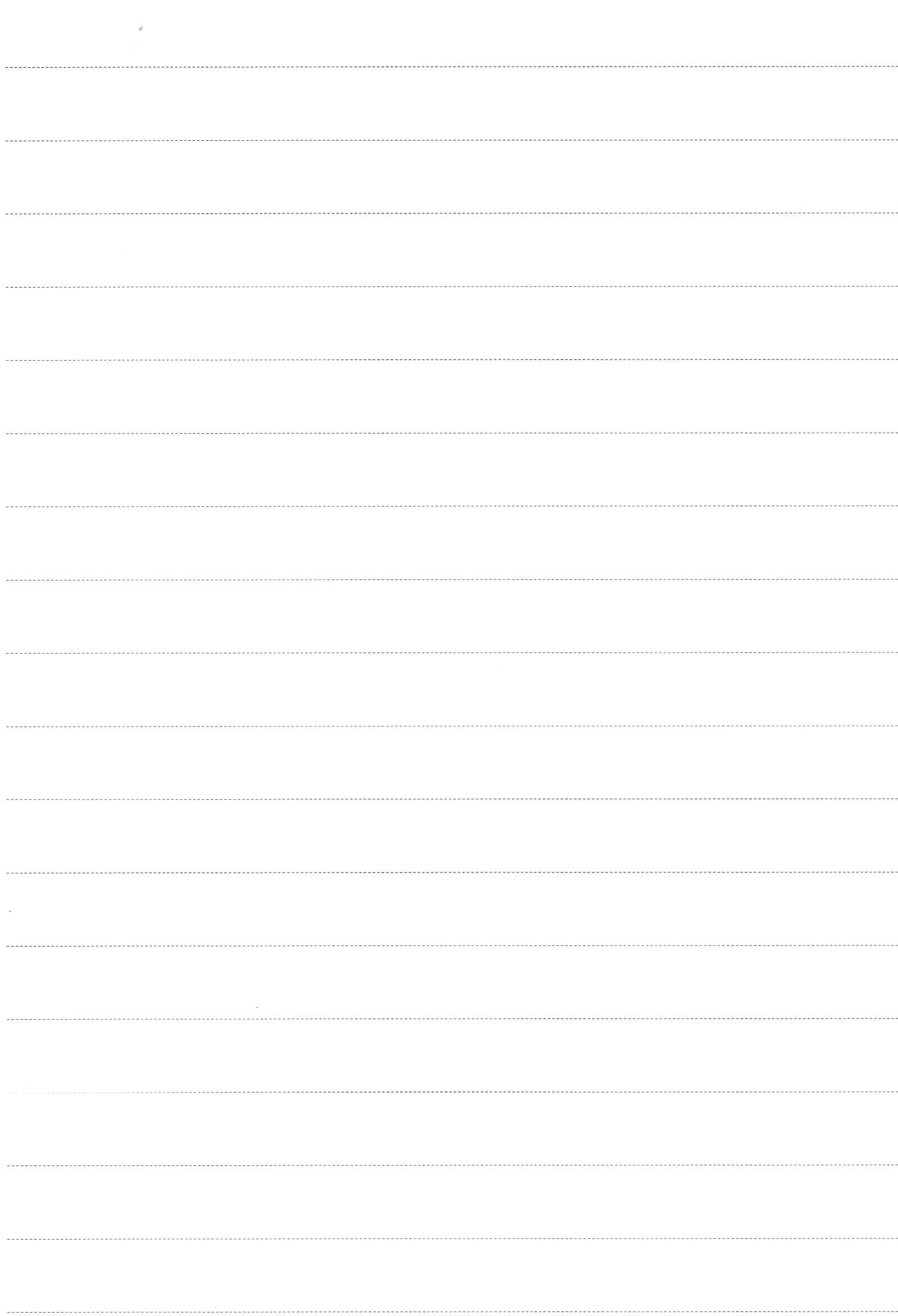

64

사람으로서의 길

살아 있는 것을 죽여서는 안 된다.

사람을 시켜서 죽여서도 안 되며,

다른 사람이 죽이는 것을 묵인해도 안 된다.

상대가 자신보다 강자이든 약자이든

절대 살아 있는 모든 존재에 폭력을 행사하지 말라.

그대에게 주지 않는 것은 어떤 것이든 취하지 말라.

어느 장소에서든 자신의 것이 아닌 물건을 갖지 말라.

또한 다른 사람을 시켜서 갖게 해서도 안 되고,

다른 사람이 훔치는 것을 보고 묵인해도 안 된다.

둘이 있을 때나 여럿이 함께 살 때도

어느 누구에게도 거짓말이나 허튼 말을 삼가라.

또는 다른 사람을 시켜 거짓말을 하게 해서도 안 되며

다른 사람이 거짓말하는 것을 묵인해도 안 된다.

아무리 현명한 사람이라도

술에 취하면 실수하게 되어 있다.

정신을 잃어버릴 만큼 술을 마시지 말라.

또한 다른 사람이 술에 취하도록 해서도 안 된다.

술로 인해 실수하면

인생에서 돌이키지 못한 일이 발생할 수 있다.

《숫타니파타》

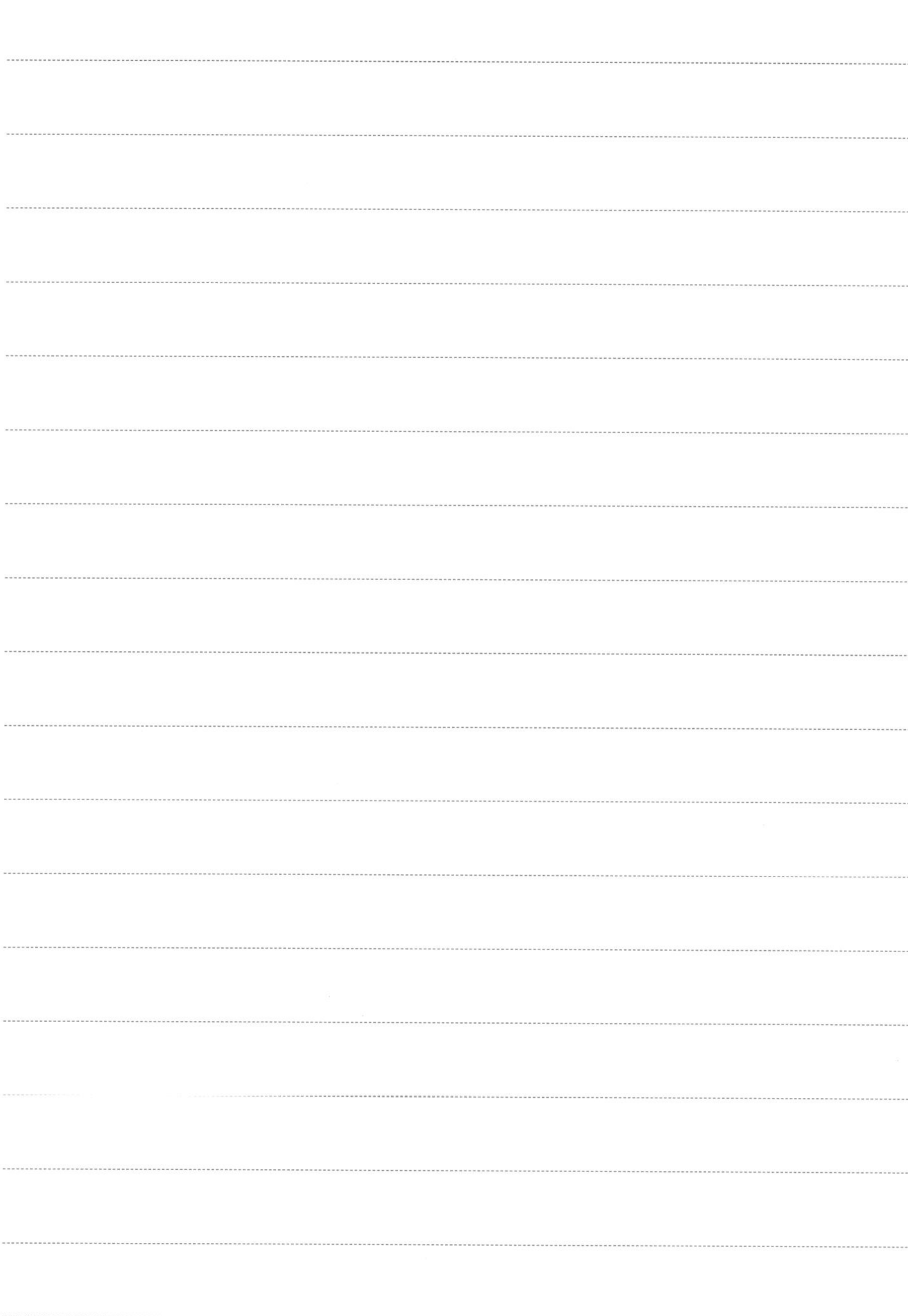

65

한 방울 한 방울이 항아리를 채운다

이 정도는 설마 업보가 생기지 않을 것으로 생각하고
나쁜 행동을 가벼이 여기지 말라.
비록 한 방울 한 방울이 적을지라도
한 방울 한 방울이 모여 큰 항아리를 채우는 것처럼
작은 악행들이 하나하나 쌓여 큰 업보가 된다.

이런 작은 선행은 복 짓는 일이 아닐 것으로 생각하고
조그만 선행을 가벼이 여기지 말라.
비록 한 방울 한 방울이 적을지라도
한 방울 한 방울이 모여 큰 항아리를 채우는 것처럼
작은 선행들이 쌓이고 쌓여 큰 복덕이 생길 것이다.

《법구경》

66

좋은 씨앗을 뿌려 꽃피게 하라

좋은 일을 하거든 꾸준히 실천하려고 노력하고

좋지 않은 일이라고 생각되면 최대한 삼가라.

좋은 일 하는데 게으르면 좋지 않은 습관에 쉽게 빠져든다.

비록 악행을 저질렀을지라도

다시는 되풀이하지 않도록 하라.

악행을 멈추지 않고 지속한다면 불행한 일만 닥친다.

악업이 점차 쌓이면서 인생에 고통스러운 일만 발생한다.

좋은 일을 했으면

늘 선행을 지속하도록 자신을 격려하라.

꾸준히 선한 일을 실천하면

미래는 당연히 꽃길만이 펼쳐질 것이다.

《법구경》

　　　　4장 · 삶의 무게를 묵묵히 견디어라

67

복은 부지런한 사람에게 온다

어느 가게 주인은

오전에 열심히 일하고

정오에도 부지런히 일하며

오후에도 최선을 다해 일한다.

바로 이런 사람은

아직 얻지 못한 부를 얻게 될 것이며

이미 얻은 경제적인 부는

더욱더 늘어날 것이다.

《증일아함경》

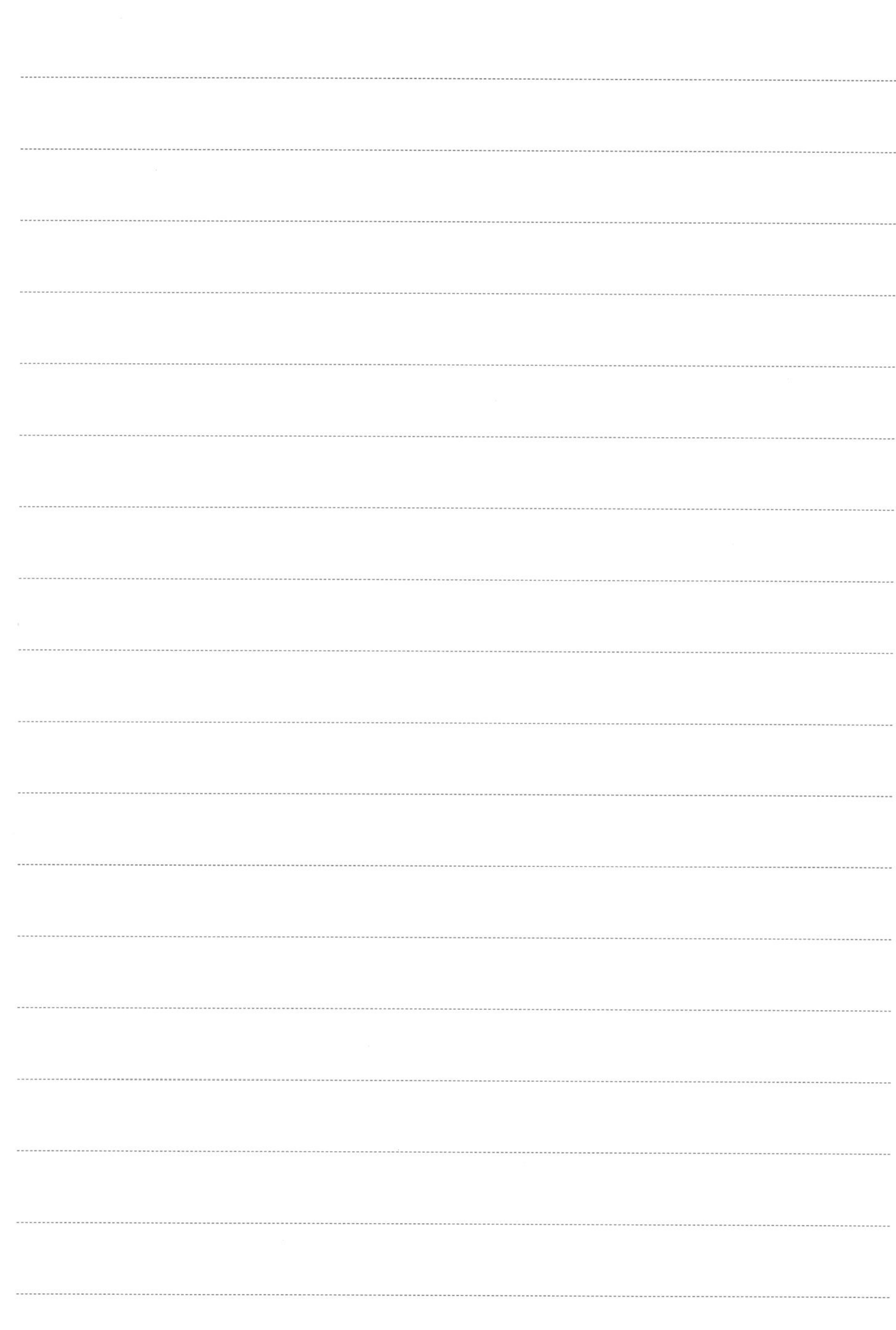

인생에서 실패하지 않으려면

재산이 많아 풍족하게 살면서도 늙은 부모를 돌보지 않는다면

이는 파멸의 문에 들어간 사람이다.

귀금속과 재산을 많이 가지고 있으면서

주변은 돌보지 않고 홀로 부귀영화를 누린다면

이는 파멸의 문에 들어간 사람이다.

가문은 뽐내고 자랑하면서

자기 가문 사람들을 멸시하고 도와주지 않는다면

이는 파멸의 문에 들어간 사람이다.

색욕에 탐닉하고, 술통에 빠져 살며, 도박을 일삼는다면

이는 파멸의 문에 들어가는 지름길이다.

정당하게 얻은 재물로 부모를 섬겨라.

떳떳한 직업으로 장사를 하여라.

현세에 바르고 정직하게 산 사람에게는

다음 미래세에 더 좋은 세상에 태어난다.

《숫타니파타》

인생에서 실패하지 않으려면

4장 · 삶의 무게를 묵묵히 견디어라

69

해야 할 일과 하지 말아야 할 일을 인지하라

남에게 고통을 준 대가로 그대가 행복하다면

반드시 재앙이 따를 것이며

원망과 미움이 부메랑 되어 자신에게 되돌아온다.

마땅히 해야 할 일을 하지 않고

하지 말아야 할 일을 즐기는 사람이 있다.

해서는 안 될 일을 즐기는 사람은

좋지 않은 습관으로 악업만 점점 커질 것이다.

마땅히 해야 할 일을 실천하면서

해서는 안 될 일을 과감하게 떨쳐 버리는 사람이 있다.

삶에 짊어진 일들을 열심히 실천하면

밝은 지혜를 얻을 것이다.

해서는 안 될 못된 행동을 하지 말라.

악행을 멈추지 않으면 반드시 고통이 생길 것이다.

반대로 선행을 실천하면 후회하거나 참회할 일이 생기지 않는다.

《법구경》

묵묵히 견디는 자가 승리한다

전쟁터에 나간 코끼리가 화살을 맞아도 잘 참는 것처럼

세상의 사악한 자들이

혹 그대에게 욕설을 퍼붓고 비난할지라도

대적하지 말고 고난을 참고 견디어라.

훈련이 잘된 코끼리는 황제만이 타는 전용 동물이다.

이런 코끼리처럼 욕설과 비난을 참으며 잘 견디는 사람!

이런 사람이 세상에서 위대한 승리자이다.

노새를 잘 길들이면 훌륭한 준마가 됨이요,

숲속의 현자인 코끼리는 존재만으로도 훌륭한 동물이다.

이처럼 자기 자신을 잘 다루는 사람은

세상에서 위대한 승리자다.

《법구경》

추위를 견딘 매화만이 향기를 뿜는다

어느 나라마다 국민이 가장 존경하는 대왕이 있기 마련이다. 다른 나라를 침입해 영토를 넓힌 대왕도 있고, 선정을 베풀어서 후대의 백성들에게 존경받는 왕도 있다.

인도는 기원전 3세기의 아소카 대왕을 성군으로 꼽고, 중국은 한나라 무제·당나라 태종·청나라 강희제를 최대 황제로 꼽는다. 우리나라 사람들에게 역대 성군을 묻는다면 대부분 한 분을 떠올릴 것이다. 바로 조선 4대 왕인 세종대왕이 아닐까 싶다.

세종대왕은 한글 창제라는 업적을 남겼을 뿐만 아니라 다양한 분야에서 업적을 쌓으며 조선의 기틀을 세운 분이다. 무엇보다도 세종대왕의 백성에 대한 애민 정신은 널리 알려져 있다. 대왕이 54세로 타계하였으니, 지금으로 치면 장수한 것은 아니다. 그 짧은 생애 동안 자신을 위한 삶이 아니라 백성을 위한 삶이었다. 그런데 이 대왕은 평생 병에 시달렸다. 눈이 좋지 않았고 눈병이 잦아 시력이 크게 약해졌으며, 비만과 당뇨로 인해 병식에 눕는 일이 많았다. 이런 육체적 병고에도 대왕은 한국 역사에 큰 업적을 남겼다.

세종대왕과 비슷한 예로 이런 인물이 있다. 전기를 활용한 발명으로

19세기 인류에게 큰 도움을 준 에디슨이다. 오늘날 우리가 누리고 있는 문명의 혜택 일부는 에디슨의 발명 덕분이다. 당시에는 저압 전류를 발생시키는 원시적인 전지가 거의 유일한 전원이었다. 에디슨은 1863년부터 연구에 몰두해 1931년 죽기 전까지 전기 시대를 여는 데 매우 중요한 역할을 하였다.

그러나 에디슨의 발명 뒤에도 그만의 고충이 있었다. 그는 일곱 남매 중 막내로 태어났다. 어린 시절 청각 장애를 앓았는데, 이 장애가 그의 삶과 작업에 큰 영향을 미쳤다. 곧 그는 자신의 핸디캡[청각 장애]을 좋은 방향으로 돌려 위대한 발명품을 개발한 동기가 되었다고 생각된다. 에디슨은 틀에 박힌 학교 교육과 청각 장애 때문에 학교 공부를 싫어했고 문제아로 낙인이 찍히기도 했다. 이를 보상받기 위해 책을 매우 많이 읽은 것으로 보인다. 1859년 에디슨은 학교를 그만두고 디트로이트와 포트휴런 간의 철도 급사로 일하기 시작했다. 삶의 역경 속에서 그의 빛나는 발명품이 나오게 된 것이다.

당나라 황벽 스님께서는 이런 말씀을 하셨다.

"추위가 한차례 뼈에 사무치지 않는다면 어찌 코를 찌르는 매화 향기를 얻을 수 있으리오. 不是一番寒徹骨 爭得梅花博鼻香"

사군자[매화·난초·국화·대나무] 가운데 매화가 사람들로부터 가장 사랑받는데, 추위[아픔과 고통]를 묵묵히 견딘 후에 매화꽃을 피우기 때문이다. 이렇게 매서운 추위를 견디고 봄 계절이 온 줄 알고 제일 먼저 꽃을 피우기 때문에 사람에게 '철들었다'는 말을 하는데, 바로 매화에 비유한다.

하여튼 에디슨은 청각 장애를 넘어 세상에서 위대한 발명을 이루었고, 세종대왕이 수많은 병고를 겪으면서도 한글 창제 및 수많은 업적을 남겼다. 어찌 이들을 존경하지 않겠는가.

세종대왕이나 에디슨처럼 인생의 역경을 이기고 인류사에 빛을 남기는 일이 말처럼 쉬운 것은 아니다. '인류사' 같은 거창한 것이 아닌 개인적인 삶에서 정신적으로나 육체적으로 고통스러울 때, 사람들은 대체로 좌절한다.

인생은 과거에서 현재로 이어지며 고통과 환희가 뒤섞인 굴곡진 길이 반복된다. 어느 누구든지 살면서 넘어질 때가 많다. 바로 이때, 한탄하며 슬퍼할 것이 아니라 툴툴 털고 일어나는 것이 중요하다. 불교에는 역증상연逆增上緣이라는 말이 있다. 사람이 어려운 고비를 겪을 때 좌절하지 말고 그 고통과 고난을 계기로 더욱 분발하는 인연으로 삼으라는 뜻이다.

인생은 스스로의 노력으로 결실을 맺어야 한다. 누군가 대신 살아 주는 것도 아니고, 어느 누가 대신 노력해 주는 법은 없다. 그러니 주변 사람들에 의지하지 말고, 묵묵히 걷다 보면 길이 열릴 것이다.

이렇게 노력하면서 열심히 살아간다면 자신의 성공은 물론이요, 주변에 선한 영향력을 미칠 것이다. 경제적 부가 풍부하지 않을지언정 그 노력한 삶 자체만으로도 훌륭한 인생이다.

이 책을 읽는 순간에도, 인생에서 힘든 시기를 겪는 분들도 있을 것이다. 힘든 역경에 처한 분들이라면 이렇게 생각해 보라.

어느 위치에 서 있는 사람이든, 어떤 일을 하든 누구나 삶의 무게를 짊어지고 살아간다.

어두운 터널을 지나면 반드시 밝은 태양이 기다리고 있을 것이다. 좌절하지 말자. 어려운 시기를 발전하는 계기로 전환하려는 마음만 있다면 반드시 장밋빛 인생이 펼쳐질 것이다.

71

큰 소리에 놀라지 않는 사자처럼

인생에서 자신이 바라는 것이 있거나 해야 할 일이 있다면

사람으로서 짊어져야 할 삶의 무게를 받아들여라.

무던하게 견디며 살다 보면

주변으로부터 칭찬이 자자할 것이요, 안락해질 것이다.

죽음에 점점 가까워져 이생을 떠나기 전

현재의 삶에서도 이리저리 머리 굴리는 집착심 내려놓고

과거의 일에도 얽매어 괴로워하지 말라.

그러면 앞으로 남은 삶은 차분하고 평온하리라.

큰 소리에 놀라지 않는 사자처럼,

그물에 걸리지 않는 자유로운 바람같이,

더러운 진흙탕 물에 젖지 않는 연꽃처럼

저 광야에 고고히 걷는 무소의 뿔처럼 홀로 가라.

《숫타니파타》

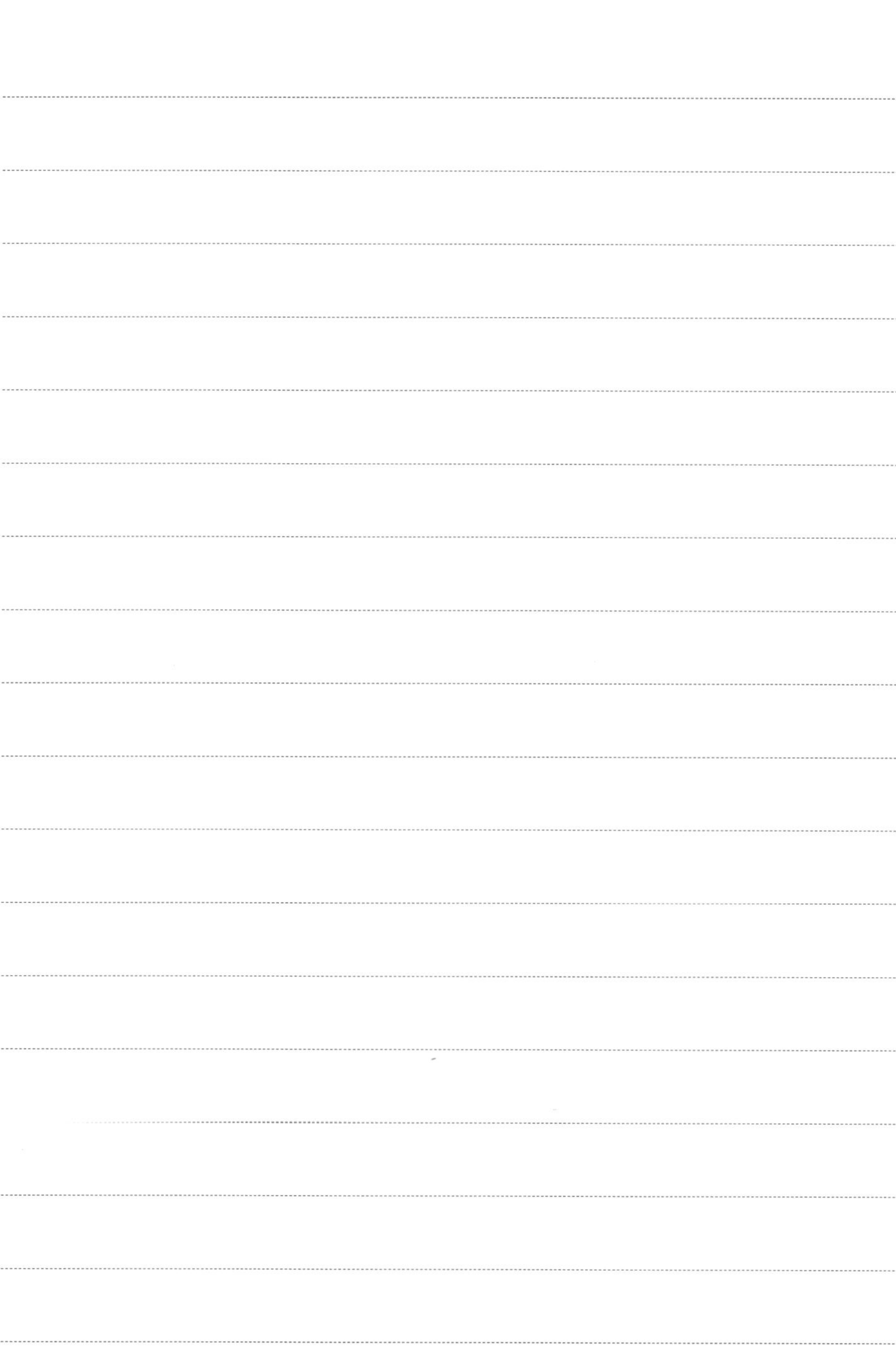

72

분노하지 않는 마음

부처님께서 전생에 인욕 수행하는 선인으로 살고 있었다.

어느 날, 폭군 가리 왕이 숲에 와서 선인을 시험했다.

왕이 물었다.

"네가 정말 모든 것을 참고 견딜 수 있느냐?"

선인이 대답했다.

"나는 어떤 모욕과 고통도 참고 견딜 수 있습니다."

왕은 화가 나서 명령했다.

"그렇다면 네 몸을 잘라 보겠다."

왕은 선인의 손과 발, 귀와 코를 마디마디 잘랐다.

그러나 선인은 상대에게 조금도 원망하거나 분노하지 않았다.

곧 선인은 인욕한다는 마음조차 없이 인욕행을 실천하였다.

과거세에 선인은 이런 인욕을 실천[因]했기 때문에

현생의 부처가 될 수 있었다. [果]

《금강경》

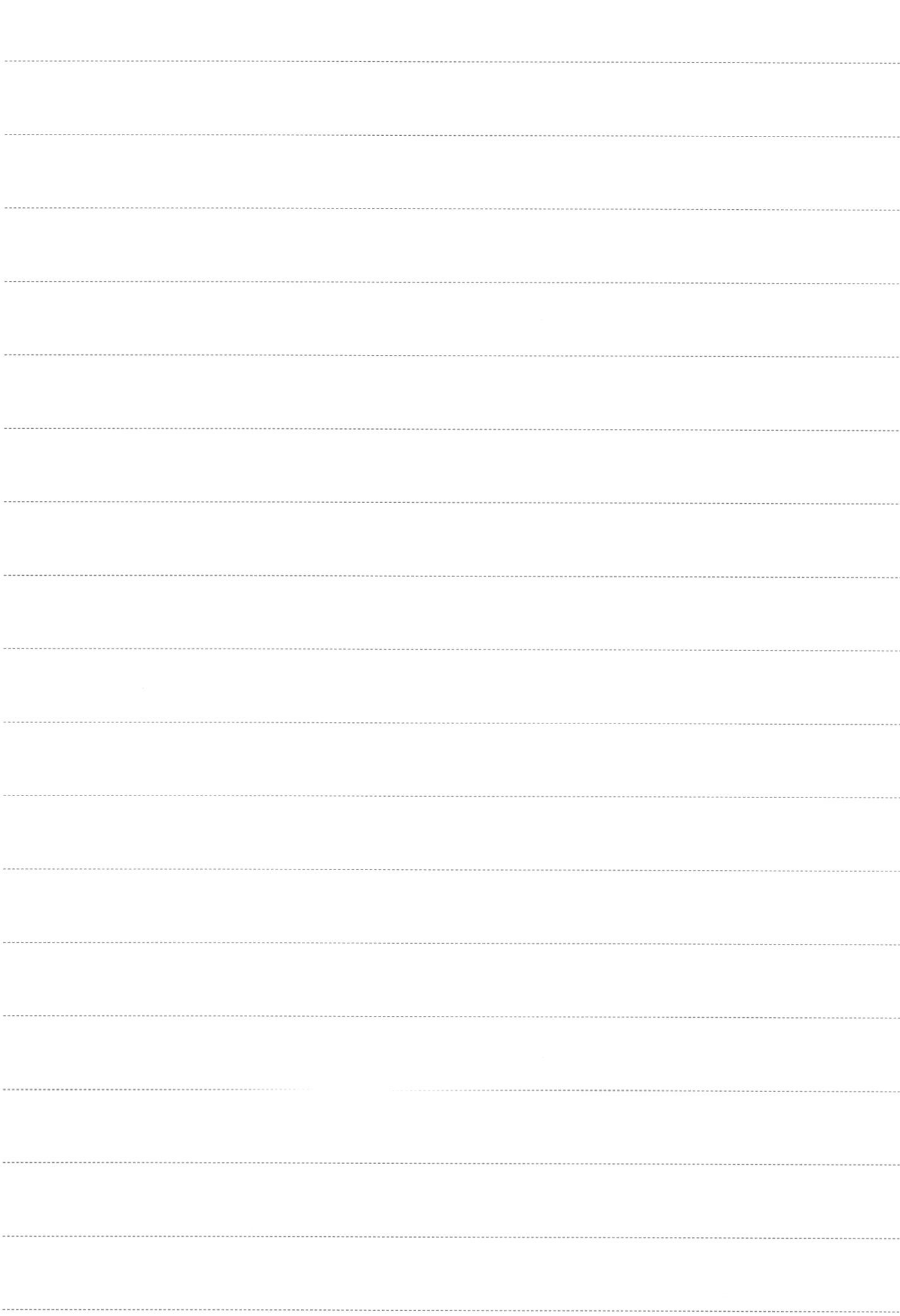

73

자신이 무엇을 모르는지 알라

어리석은 사람은

자신의 악행으로 근심을 만들며, 나쁜 업을 짓는다.

그리고 스스로 지은 업의 결과로 고통을 받는다.

어리석은 사람은

자신의 뛰어난 능력과 지식을 좋은 일에 쓰지 않고

남을 괴롭히는 데 쓴다면, 결국 자신을 망치는 길이다.

복과 지혜마저 사라지게 한다.

어리석은 사람은

칭찬받기를 원하며, 명예와 명성만을 추구한다.

집에서는 주권을 다투고, 주변 사람들에게까지 존경받기를 원한다.

자신의 어리석음을 알고 있는 자는 현명한 사람이다.

자신이 현명하다고 착각하는 자가 진짜 어리석은 사람이다.

《법구경》

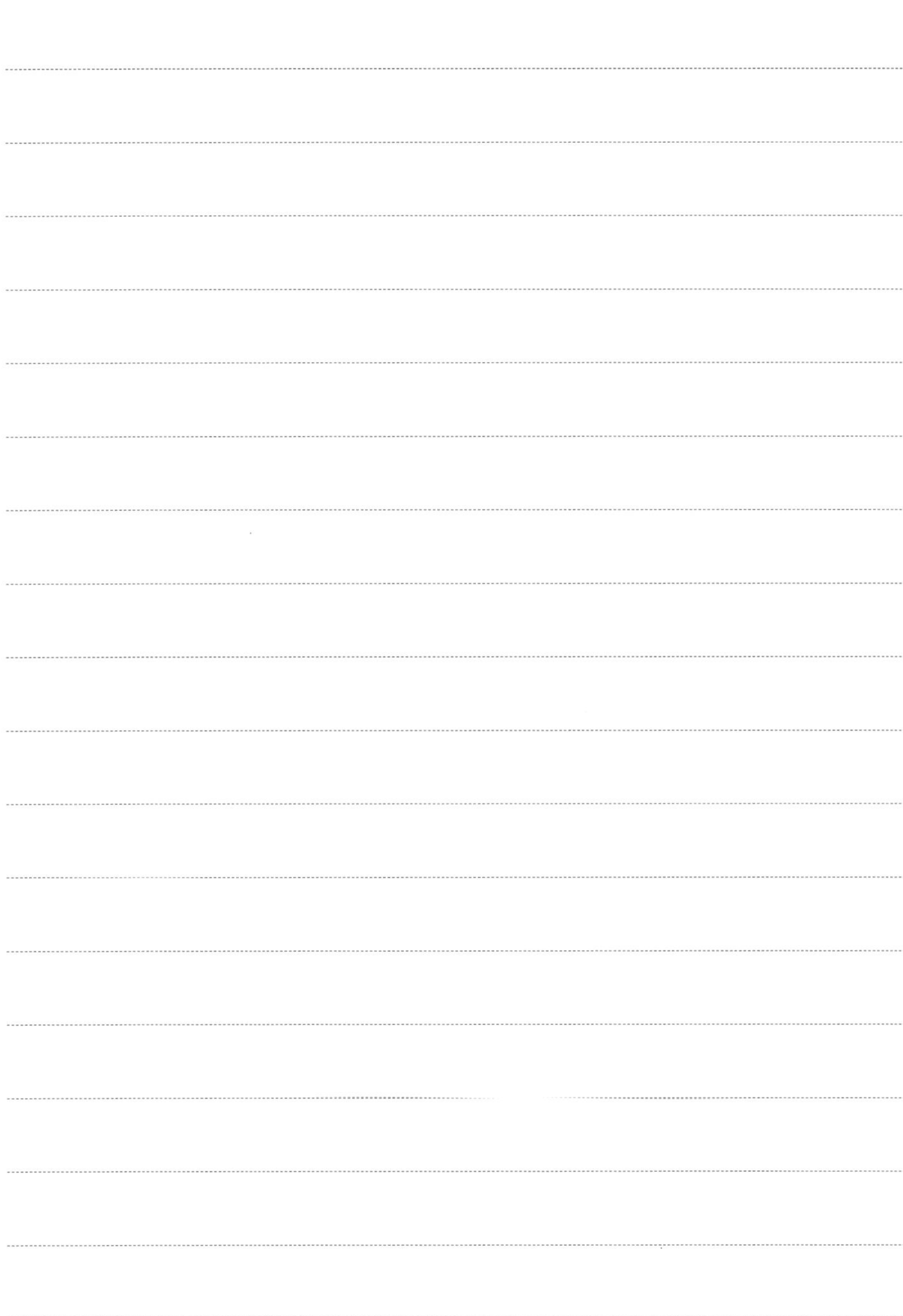

74

선행에는 복덕이 따라온다

자신이 지은 악행으로 그 과보도 자기가 받는다.

모든 것이 나로 인해 이루어진다.

어리석은 자는 자기 스스로 지은 악행 때문에 자기를 파멸로 이끈다.

마치 금강석이 다른 보석을 잘라 내듯이.

스스로 악업을 지어 자신이 그 과보를 받고

스스로 선업을 지어 자신이 그 복덕을 받는다.

악업과 선업은 스스로 지음이요,

과보와 복덕 또한 누군가 대신 받는 것이 아니라 자신이 받는다.

인생에서 어떤 것을 해야 하는지를 분명히 알고

자기 자신의 이익을 위해 힘써라.

자기에게 이익되는 것이 무엇인지를 분명히 알았다면

최선의 노력을 기울여 반드시 성취하라.

《법구경》

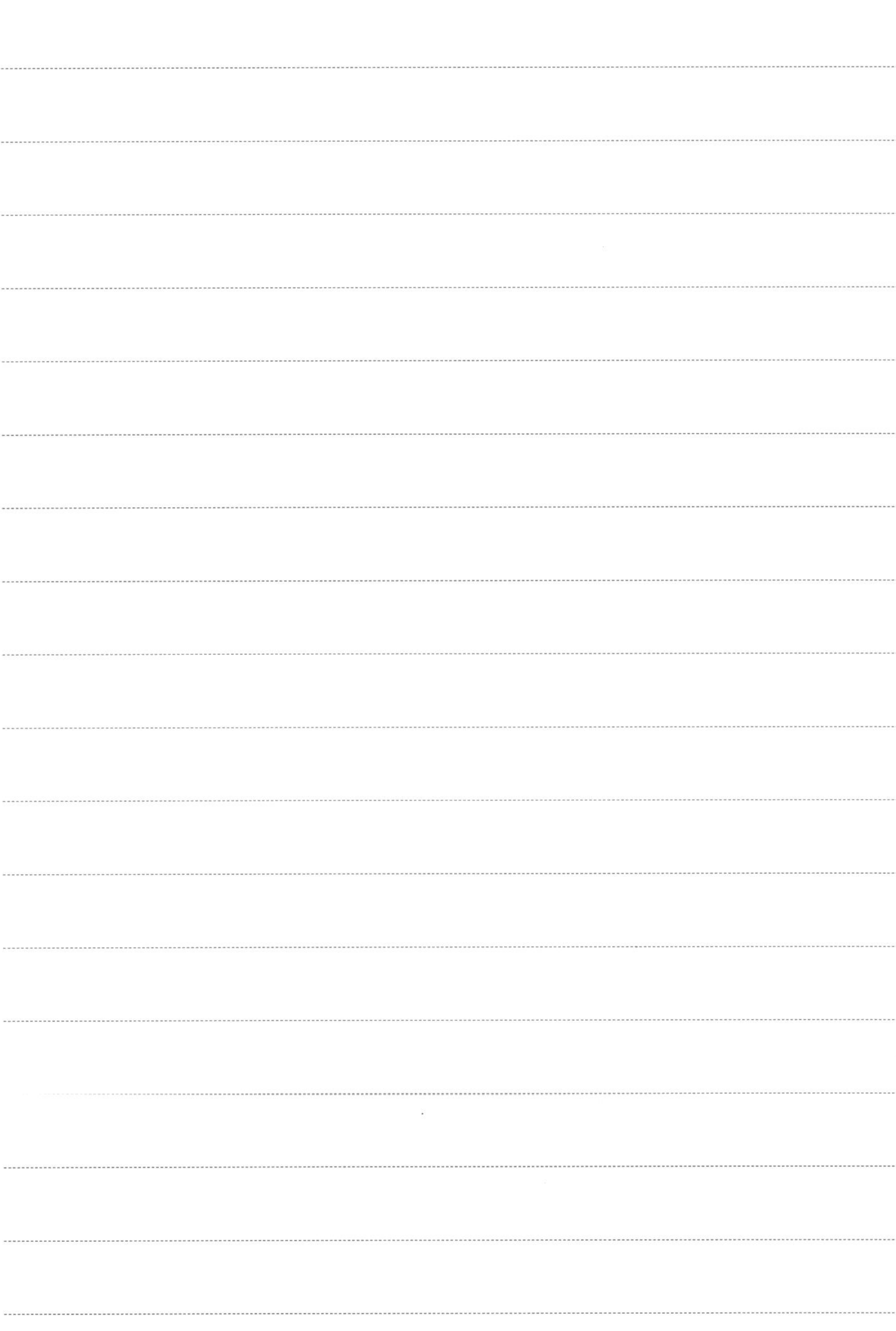

75

인생에서 최고의 행복이란

어떤 사람이 부처님께 질문하였다.

"세상 사람들은 모두 행복을 바라고 있습니다.

부처님! 인생에서 최고의 행복이란 어떤 것입니까?"

부처님께서 답변하셨다.

"첫째는 어리석은 사람을 멀리하고 현명한 사람을 가까이하며,

훌륭한 어른과 스승을 섬기는 것이다.

둘째는 자기 분수에 맞게 살며 착한 일을 많이 해서 공덕을 쌓고,

바른 가치관을 갖고 실천하려고 노력하는 것이다.

셋째는 부모를 섬기고, 부인과 자식을 사랑하며 아껴 주어야 한다.

넷째는 형편에 따라 남을 도우면서 올바르게 사는 것이다.

더불어 친족을 아끼고 보호하며, 비난받을 만한 행동을 하지 않는 것

이다.

다섯째는 존경하고 감사할 줄 아는 것, 적은 것에도 만족할 줄 아는

무소유, 진리를 찾아 가르침을 듣는 것이다.

이처럼 열거한 이야기를 실천하면 인생은 더할 나위 없는 행복이다."

《숫타니파타》

4장 · 삶의 무게를 묵묵히 견디어라

76

승자는 원수만 늘고, 패자는 분함만 는다

부처님께서 사위성 기원정사에 계실 때이다.

탁발을 나갔다가 돌아온 비구들이 부처님께 이렇게 말했다.

"코살라국과 마가다국 사이에 전쟁이 일어났습니다.

그런데 코살라국이 크게 패해서 파사익왕은 겨우 목숨만 건져 도망

쳤다고 합니다.

부처님! 사람들이 웅성웅성하면서 파사익왕을 걱정하고 있습니다."

부처님께서 비구들의 말을 듣고 말씀하셨다.

"싸워서 이기면 주변에 원수와 적만 더 늘어난다.

반대로 상대에 패하면 편하게 잠을 자지 못하고 괴로워한다.

그러니 승리와 패배 같은 일에 휘말리지 않으면

잠을 잘 때도 편히 자고 평소에도 마음이 편안하다."

《잡아함경》

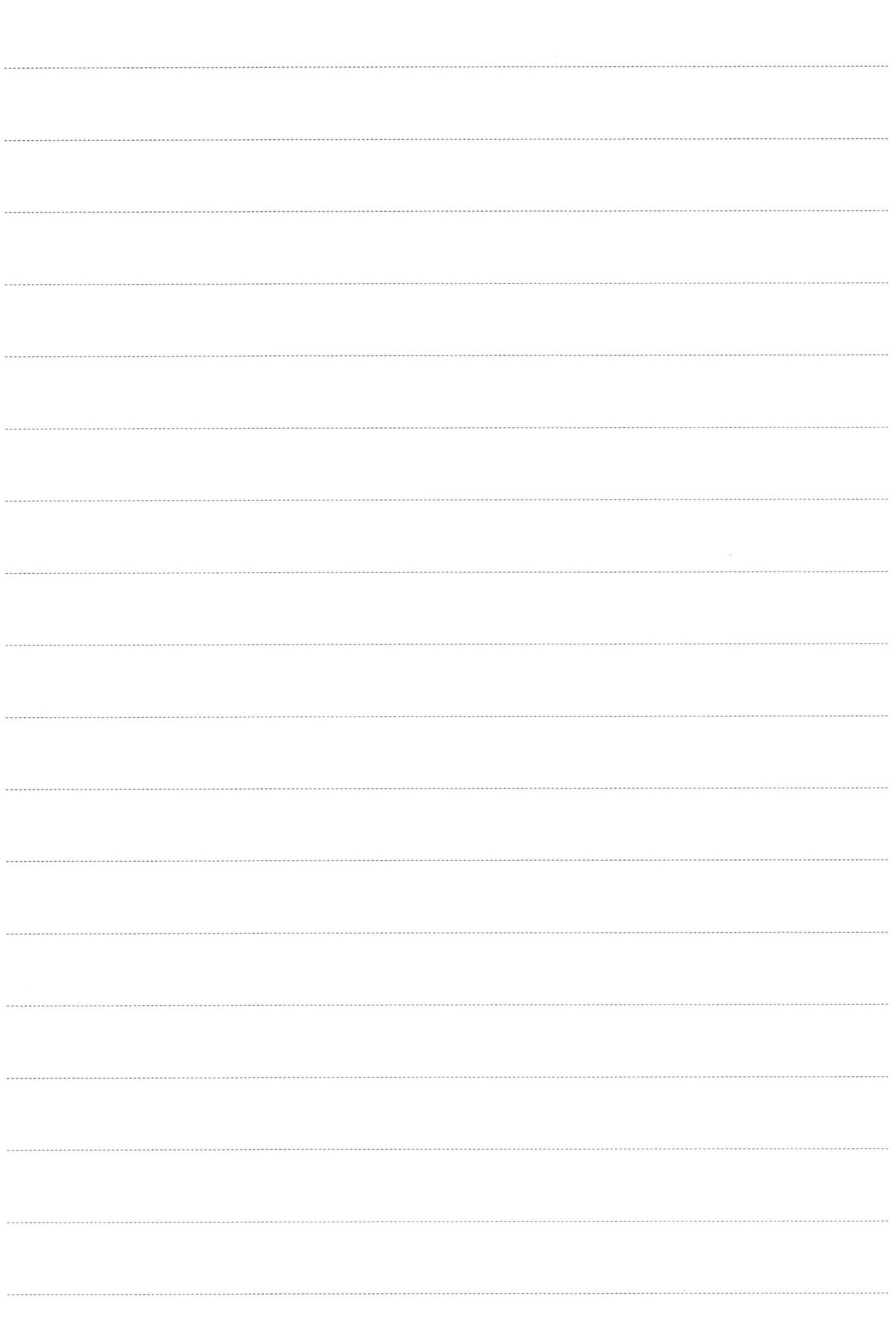

77

강을 건넜으면 뗏목을 버려라

부처의 가르침을 뗏목과 같이 여기어라.

강을 건너면 뗏목을 버리듯

부처의 가르침조차 버려야 하거늘

어찌 하물며

진리 아닌 것을 추구하려고 하는가?

《금강경》

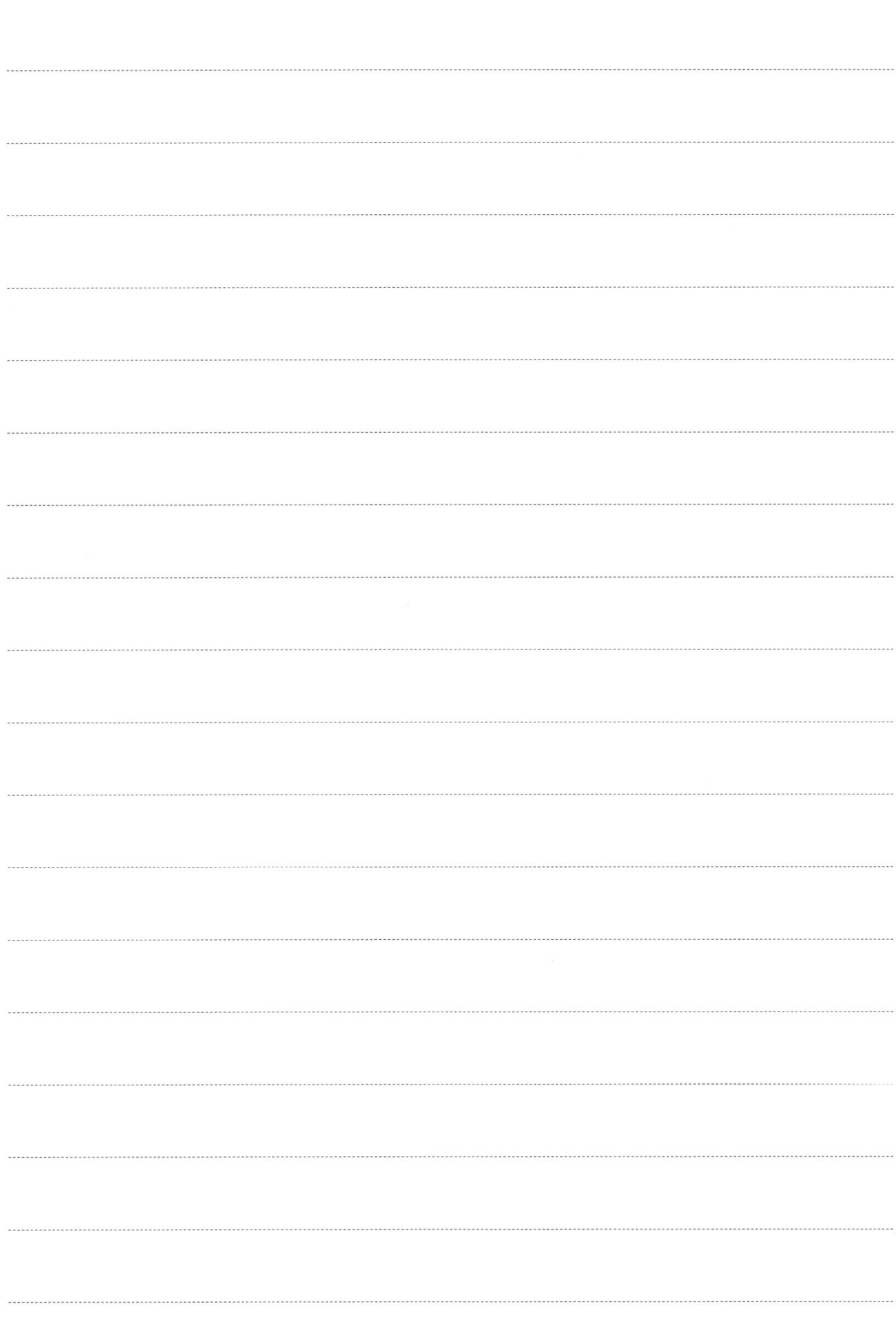

이끄는 사람이 바르면 따라가는 사람이 편안하다

백성이 살아가는 데 괴로움을 받는 것은

그 나라 국왕의 마음가짐과 가치관이

바르지 못하기 때문이다.

백성들 모두가 행복하고 즐겁게 살 수 있도록 하는 데는

국왕의 진실성과 가치관이 올바른 데 달려 있다.

이처럼 왕이 올바른 가치관을 갖고 다스린다면

백성들도 모두 편안하다.

《증일아함경》

79

민중이 잘 사는 법

인도 마가다국 아사세왕은 신하를 보내서
부처님께 어떻게 하면 밧지국을 멸망시킬 수 있는지에 관해 물어보
라고 하였다.

부처님께서는 그 신하에게 대답하지 않고, 옆에 있는 제자에게 말했다.
"첫째, 밧지국 사람들은 자주 모임을 갖고, 그 회의에 모두 참석하는가?
둘째, 밧지국 사람들은 모였을 때나 헤어질 때 한마음으로 뜻이 잘 맞
는가?
셋째, 밧지국 사람들은 새로운 법을 쉽게 정하지 않고, 이미 정해져
있는 법을 쉽게 깨뜨리지 않으며, 이전에 정해져 있던 관습법을 잘 따
르는가?
넷째, 밧지국 사람들은 어르신들을 공경하고, 어르신들의 말을 잘 따
르는가?
다섯째, 밧지국 남자들은 부인에게 폭력을 부리지 않는다고 하는데,
그 말이 맞느냐?
여섯째, 밧지국 사람들은 조상의 사당을 존중하고 숭배하며, 조상에
게 공양 올리는 일을 잘하는가?

일곱째, 성직자들을 존경하고, 다른 나라의 성직자들이 방문하면 그
분들을 정성스럽게 모시는가?”

제자가 모두 그렇다고 답하자, 부처님께서 말씀하셨다.
“그런 밧지국이라면
절대 패망하지 않고 나라가 발전할 것이다.”

《장아함경》

　　　　4장 · 삶의 무게를 묵묵히 견디어라

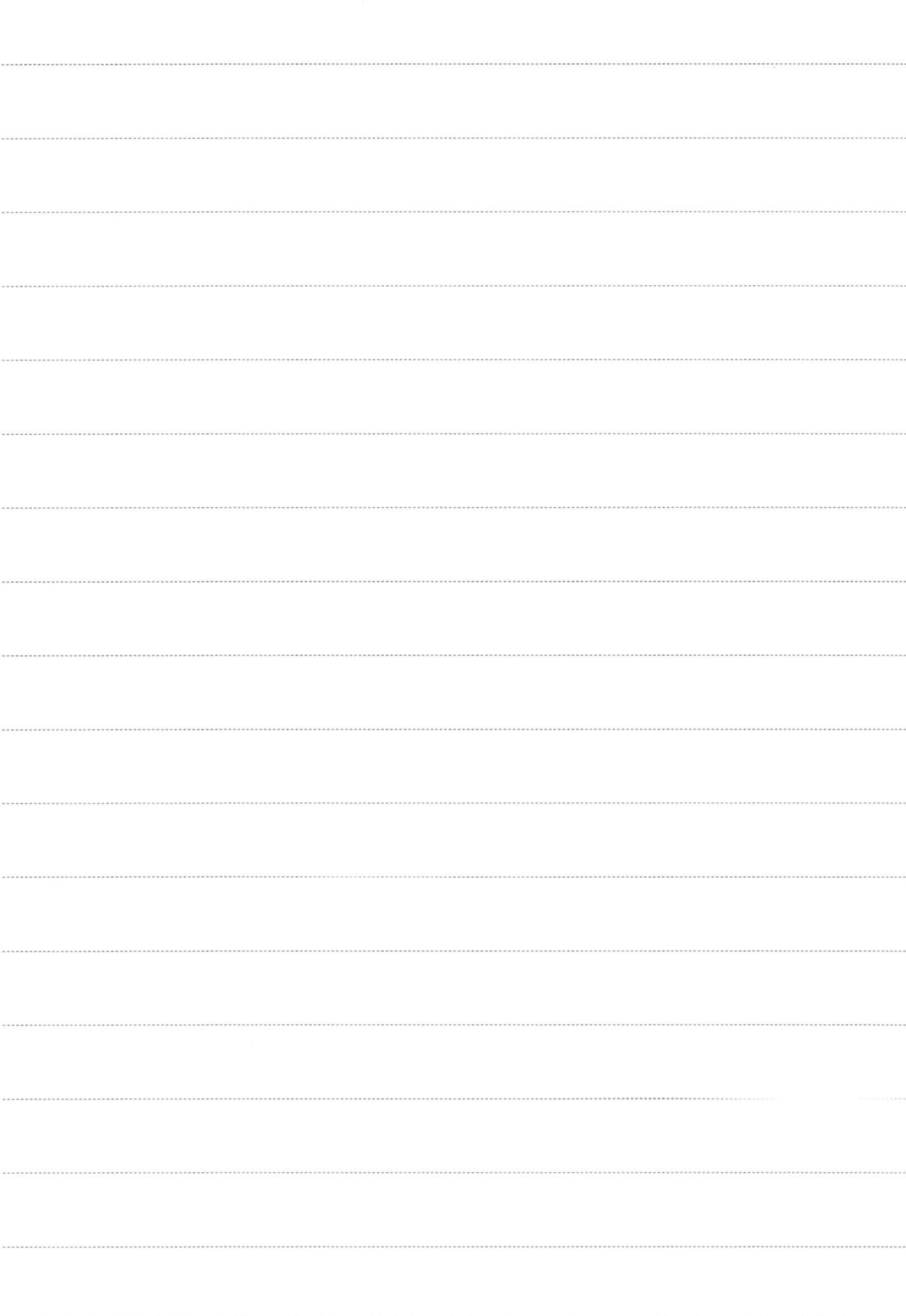

80

백 년보다 값진 하루

백 년을 살지라도 흥청망청 사는 것보다

비록 하루를 살더라도 도덕규범을 잘 지키며

고요한 마음으로 사는 것이 최상의 인생이다.

진리를 모르고 백 년을 사는 것보다

단 하루를 살더라도 성스러운 가르침을 따르고

진리를 추구하는 삶이 최고의 인생이다.

《법구경》

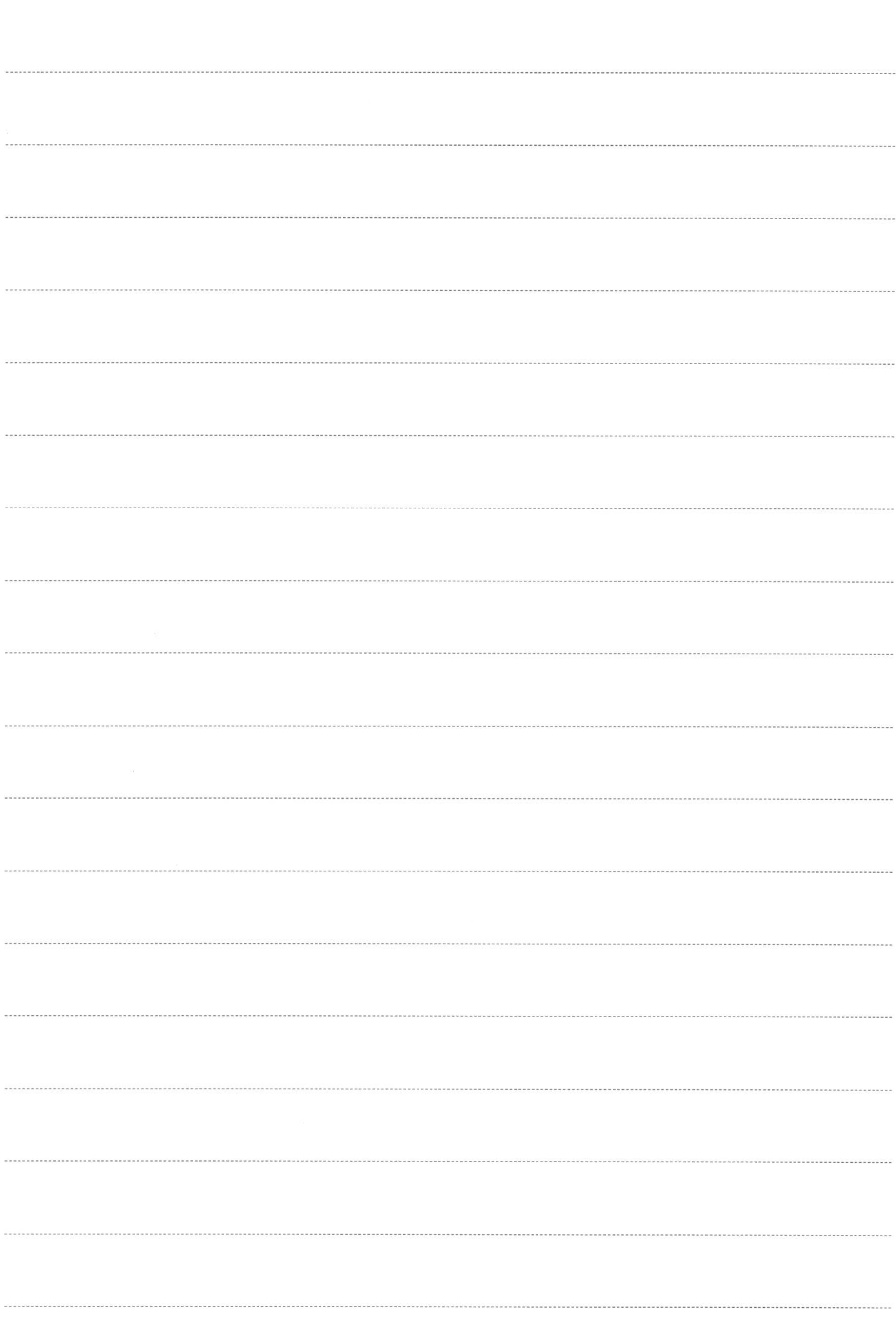

등이 휠 것 같은 삶의 무게

사람으로 태어난 이상 하고 싶은 일만 하고 살 수 없다. 어린 시절에는 공부해야 하고, 결혼하면 가족을 부양해야 하며, 부모를 모시고 자식을 키워야 하는 등 인생에서 짊어져야 할 것들이 많다. 불교에서는 우리가 살고 있는 세계를 '사바세계'라고 한다. 곧 '감인堪忍 세계'라고 하는데, 참고 견디면서 살아야 한다는 뜻이다. 이야기를 하나 하려고 한다.

여러 사람이 먼 길을 떠났다. 모두가 등에 큰 짐을 짊어지고 있었다. 그렇게 길을 가다 날이 저물면 숙소에 머물러 짐을 내려놓고 쉬었다. 일행 가운데 한 사람이 계속 투덜거리며 불평하기 시작했다. 다른 사람들의 짐은 가벼운데 유독 자신의 짐만 너무 무겁다고 생각했기 때문이다. 마침내 그는 신에게 불만을 터뜨렸다.

"신이시여, 다른 사람들의 짐은 작고 가벼운데, 왜 하필 제 짐만 유독 이렇게 무거운 겁니까?"

신이 말했다.

"그랬었군! 그렇다면 오늘 밤에 사람들이 여관에 들어가 짐을 한곳에 내려놓을 것이다. 자네는 내일 아침 제일 먼저 일어나 그 가운데 가장 가벼운 짐으로 바꾸도록 하여라."

그 사람은 짐을 바꾸라고 허락한 신에게 감사하다는 말을 여러 번 했다. 그날 밤 짐짝을 모아놓은 곳으로 가서 수많은 짐들을 하나하나 들어 보며 가장 가벼운 것으로 골라 두었다. 다음 날 꼭두새벽, 어젯밤 점찍어 두었던 가장 가벼운 짐을 등에 짊어졌다. 그리고 즐거운 마음으로 길을 떠났다. 그는 '앞으로는 내 인생이 편하겠구나'라고 생각하며 즐거워했다. 그렇게 한참 길을 가는데, 이상하게 짐이 점점 무거워졌다. 그는 '이상하다. 가장 가벼운 짐으로 바꿨는데 왜 이렇게 짐이 무거울까?' 하고 의심했다. 결국 다시 신에게 하소연하였다.

"그런데, 신이시어 이상합니다. 왜 가장 가벼운 짐으로 바꾸었는데도 왜 예전보다 더 짐이 무거운 겁니까?"

신이 빙그레 웃으며 그에게 말했다.

"네가 짊어지고 있는 짐을 자세히 보아라."

그는 짐을 내려 이곳저곳을 살펴보았다. 그런데 짐짝에 적힌 글씨를 보니 처음에 짊어진 바로 그 짐이었다. 곧 이 남자가 가장 가벼운 것으로 생각하고 바꾼 짐이 원래는 자신의 짐이었다. 신이 다시 말했다.

"네가 원래 짊어진 짐을 너는 또 선택한 것이다. 너 스스로가 바꾼 것인데, 짐의 무게는 아마 똑같을 것이다."

오래전, 어른들을 위한 우화집에서 읽은 내용을 각색해 보았다. 불교에서는 그 사람이 짊어져야 하는 것을 업業, karma이라고 한다. 곧 자신이 살면서 짊어져야 하는 삶의 무게, 인생의 무게다. 여기서 말하는 업은 신구의身口意 3업과 같은 행위의 업이 아니라 누구나 겪어야 하는 고뇌와 고통, 그리고 사람으로 태어난 이상, 해야 할 삶의 임무를 말한다.

삶이 고달프다고 그 무게를 벗어던지려고 한들 인간은 짊어져야 할 업에서 벗어나지 못한다. 꽃이 피면 비바람이 많고, 사람으로 살다 보면 고뇌가 많은 법이다. 유행가 가사 중에 "등이 휠 것 같은 삶의 무게여!"라는 말이 있다. 인생의 무게는 누구나 짊어지고 살아간다.

어느 시대, 어느 공간에 산들 힘들지 않은 인생이 어디 있겠는가. 내 인생만 힘들고 다른 사람의 삶은 가벼워 보일 것 같지만, 그 사람의 내부를 들여다보면 그 사람도 짊어진 무게에 휘청거린다. 이런 마음으로 사람들에 공감해 보자.

'내 무게만큼 타인들도 똑같은 인생의 무게를 짊어지고 산다.'

결국 인생은 견디며 사는 것이다.

오늘을
귀중하게
여기며 살라

지금 이 순간을 소중히 살게 하는
부처님 말씀

81

익은 과일이 땅에 떨어지듯

익은 과일은 반드시 땅으로 떨어지게 되어 있다.

이처럼 생명 있는 자는 반드시 죽게 되어 있다.

이 세상 모든 존재는 늘 죽음의 두려움이 있다.

젊은 사람도, 중년이 된 사람도,

어리석은 사람도, 지혜로운 사람도

모든 사람은 죽음 앞에 굴복한다.

모든 살아 있는 존재는 반드시 죽게 되어 있다.

《숫타니파타》

홍수가 잠든 마을을 휩쓸어 가듯이

예쁜 꽃을 따 모으는 일에만 급급한 사람은

그의 욕심이 채워지기도 전에 죽음이 그를 데려간다.

여름에는 여기에서 보낼 것이다.

겨울에는 저기에서 지낼 것이다.

또 오락거리와 노름에 빠져 살다가

죽음이 코앞에 와 있는지도 모른다.

사람들은 자기 자식들에게 지나치게 애착한다.

마치 홍수가 잠든 마을을 휩쓸어가듯이

갑작스럽게 죽음이 눈앞에 다다른다.

죽음에 다다라 숨이 끊어지려 할 때

자식도 나를 대신하지 못하며

부모 형제조차도 나의 죽음을 막아 주지 못한다.

그대를 구원해 줄 사람은 이 세상에 아무도 없다.

《법구경》

83

세상 모든 것은 덧없다

세상의 모든 것은

꿈

환상

물거품

그림자

이슬

번갯불과 같으니라.

이 점을 늘 염두에 두고 수행할지니라.

《금강경》

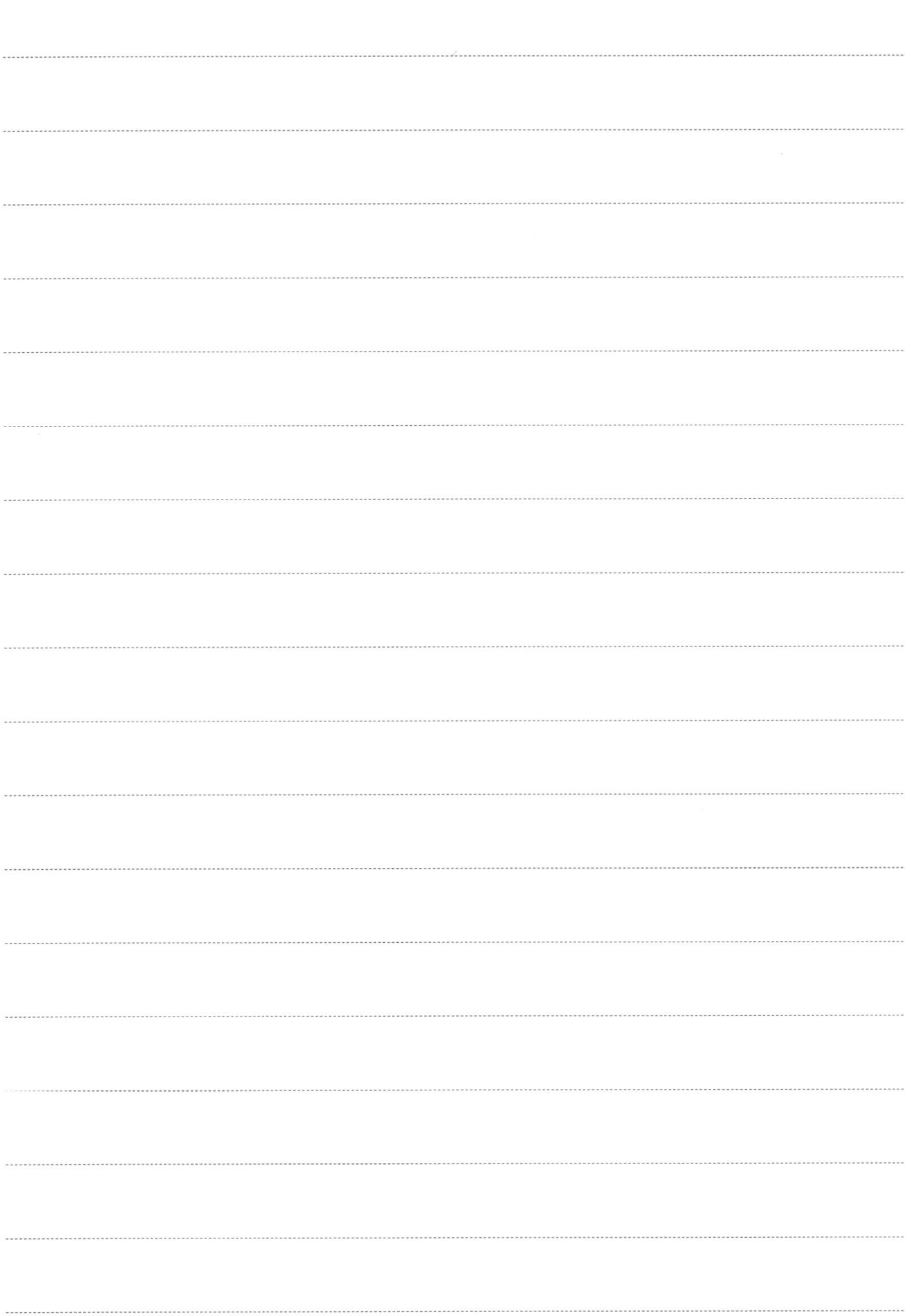

가을 들판에 버려진 표주박처럼

몸뚱이는 세월 따라 낡아 가는 것.

얼굴과 몸은 질병 덩어리로 점차 소멸해 간다.

형체는 무너지고 살은 썩어 간다.

삶은 반드시 죽음으로 끝이 난다.

바르게 진리를 알지 못하고 하릴없이 늙어 간다면

그 늙음이란 한갓 소가 늙는 것과 다름이 없다.

부질없이 나이만 먹으면서 살만 찌운다면

작은 진리조차 얻지 못한다.

목숨이 다해 마음이 떠나면 가을 들판에 버려진 표주박처럼

살은 썩고 앙상한 백골만이 뒹군다.

그런 존재이거늘 무엇에 애착을 부리는가?

뼈로 성곽을 이루고, 살로 채워져 있으며, 그 안에는 피가 흐른다.

육신에 늙음과 죽음이 함께 머무르고 있건만

마음은 교만함과 성내는 마음이 가득하다.

《법구경》

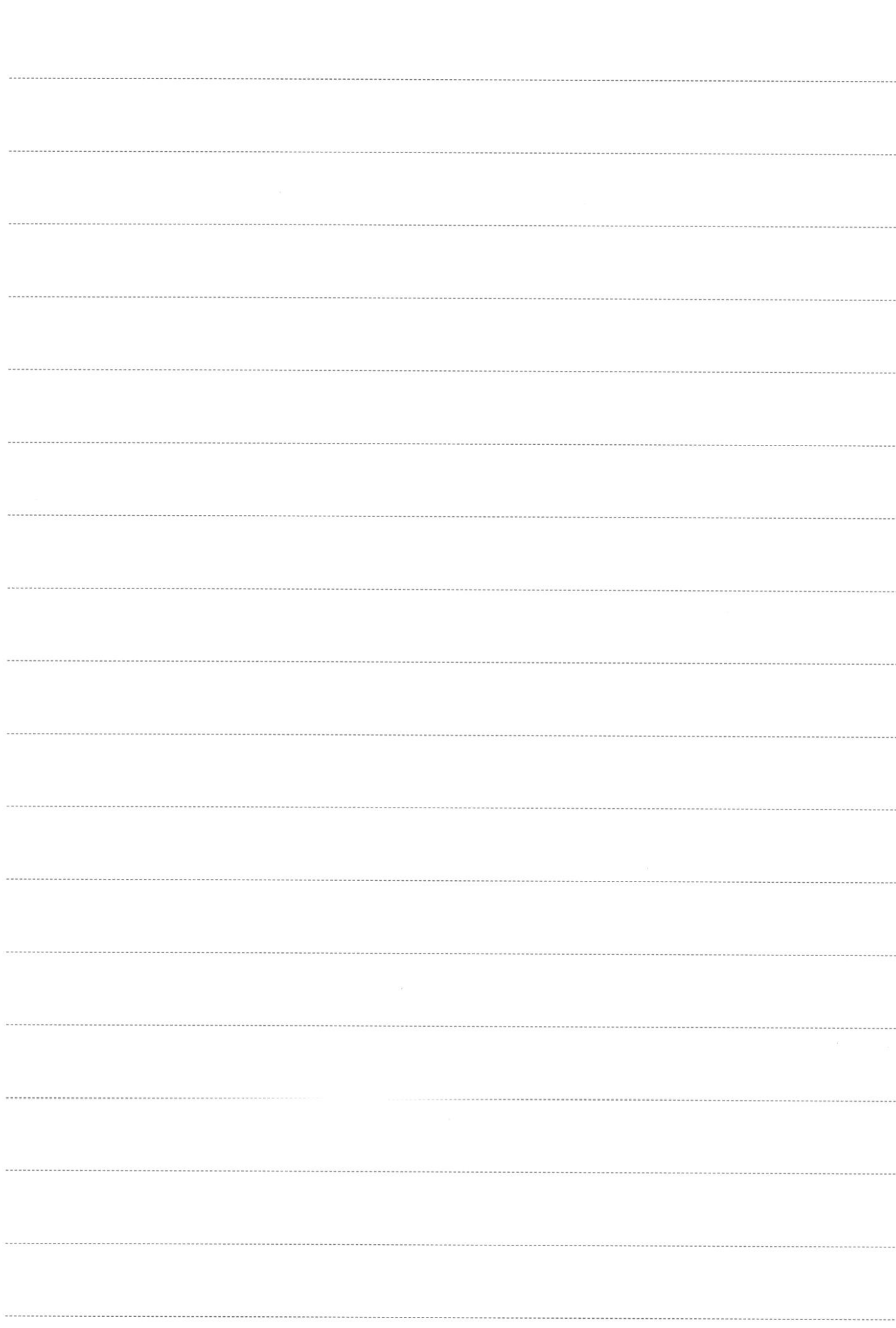

85

3법인[고^苦·무상^{無常}·무아^{無我}]

이 육신을 물거품처럼 보고

이 세상 모든 것을 아지랑이처럼 보아라. [無常]

이렇게 세상 만물을 바라보는 사람은

삶의 괴로움이 소멸되고, 진리를 성취한다.

모든 조건 지어진 존재는 다 고다. [苦]

모든 존재가 고 덩어리임을 지혜롭게 꿰뚫어 보는 사람이라면

번뇌와 고통이 더 이상 생기지 않을 것이다.

오롯이 청정한 해탈을 얻는 길이다.

존재하는 모든 것에 나라고 할 만한 실체가 없다. [無我]

혜안으로 잘 관찰하면 모든 고뇌와 고통이 생겨나지 않을 것이다.

오롯이 청정한 해탈을 얻는 길이다.

어리석은 사람은 이 아이는 내 자식이다,

이것은 내 재산이라고 집착하며 근심한다. [無我]

인생에서 정작 자기 자신조차 자신의 것이 아니거늘

어찌 하물며 자식과 재산을 내 것이라 집착하는가.

《법구경》

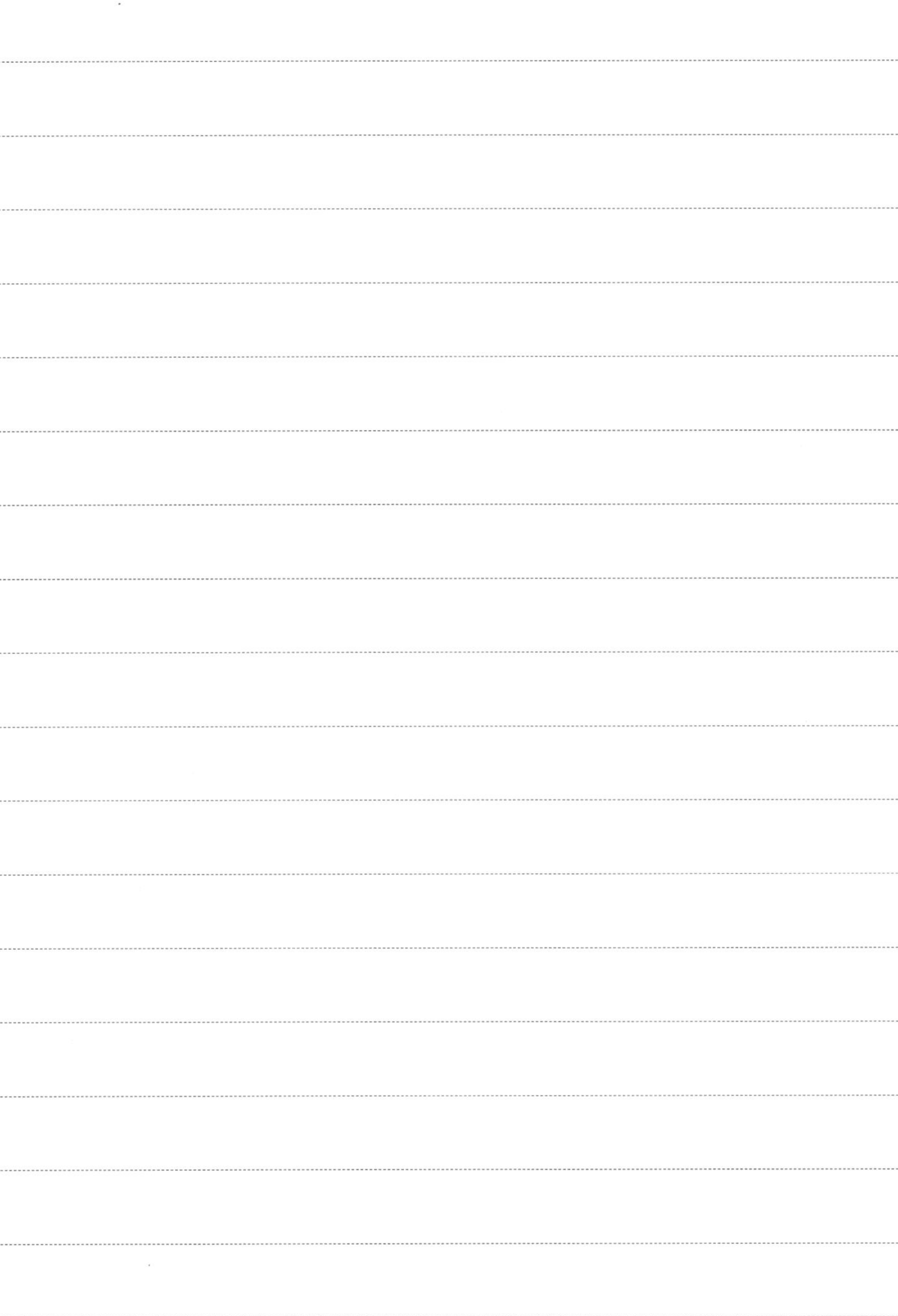

86

만남이 있으면 이별도 있는 법

제자 아난이 부처님께 물었다.

"부처님께서 열반한 후에 여래의 유해를 어떻게 모셔야 하는지요?"

부처님께서 말씀하셨다.

"내가 열반한 후 출가자들은

여래의 사리를 모시겠다고 생각하지 말라.

너희들은 단지 출가 본래의 목적을 향해 바른 마음으로 수행하라.

게으름 피우지 말고 열심히 정진하라.

아난아! 너는 나의 열반을 슬퍼하지 말라.

항상 너에게 말하지 않았느냐?

아무리 사랑하고 좋아할지라도 이별하고 헤어지는 때가 있느니라.

사람도 그렇지만, 어떤 물건이든 만들어졌다면

잠시 사용되다가 언젠가는 없어지게 된다.

아난아! 생명을 받아 이 세상에 태어나 존재하고,

점점 늙어 가며,

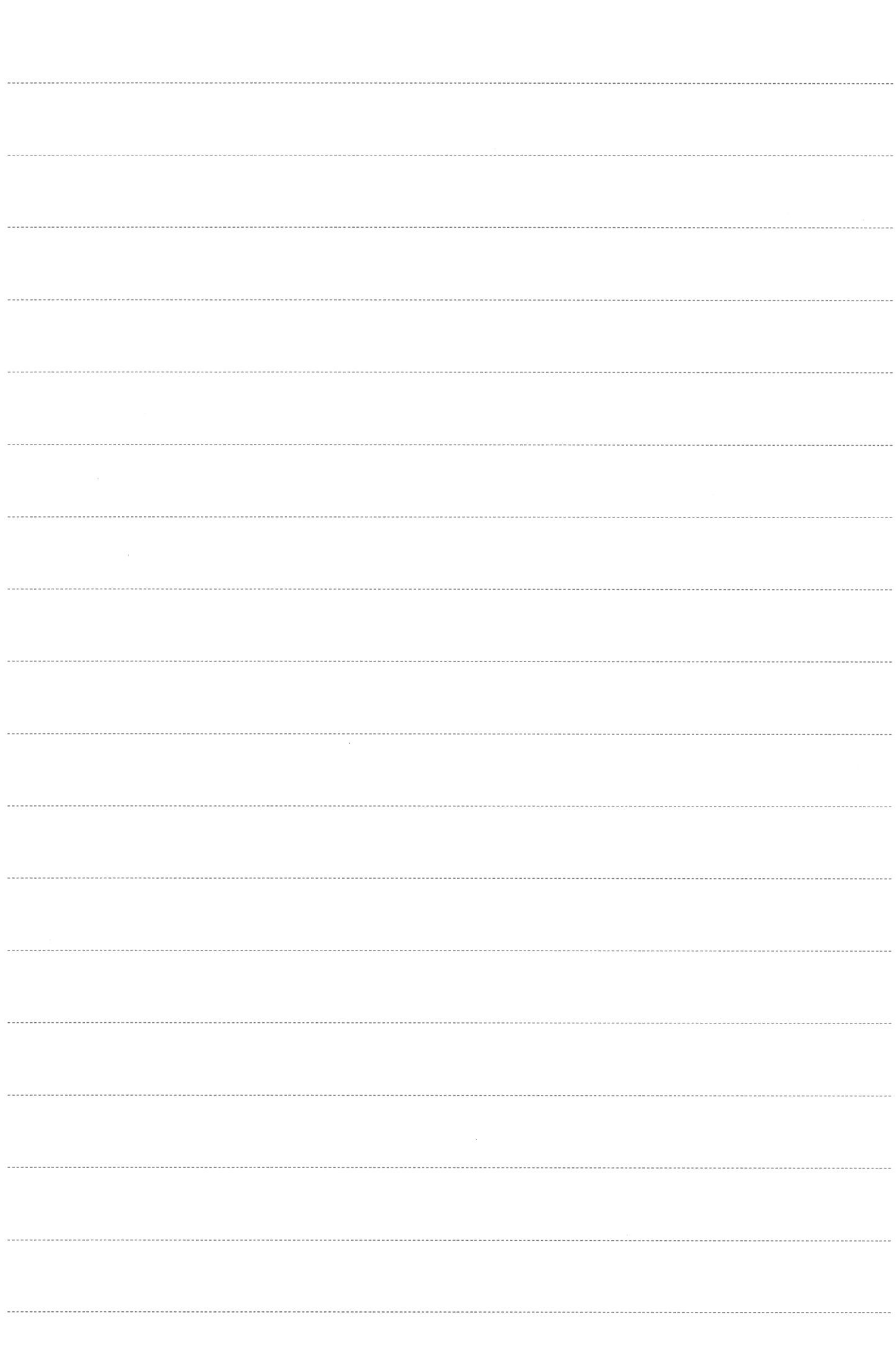

죽는 것에 대해 아무리 거부한다고 해도

이런 순리는 반드시 오게 되어 있다.

영원히 살겠다고 하는 것은 만물의 순리를 거스르는 일이다.”

이어서 여러 스님들께 말씀하셨다.

“비구들이여! 이제 너희들에게 마지막으로 말하노라.

이 세상에 존재하는 모든 것은 영원한 것이 없다.

게으름 피우지 말고

열심히 정진해 깨달음을 얻도록 하여라.”

《장아함경》

87

현재에 살아라

과거를 쫓지 말고 아직 오지 않은 미래를 염려하지 말라.

과거는 이미 지나갔고 미래는 아직 오지 않은 것.

오로지 현재 일어난 것들을 관찰하라.

어떤 것에도 흔들리지 말고 그것을 추구하고 실천하라.

오직 오늘 마땅히 할 바를 열심히 하라.

어느 누가 내일 죽음이 없다고 장담하겠는가.

늘 죽음과 마주치지 않을 수 없다.

《중아함경》

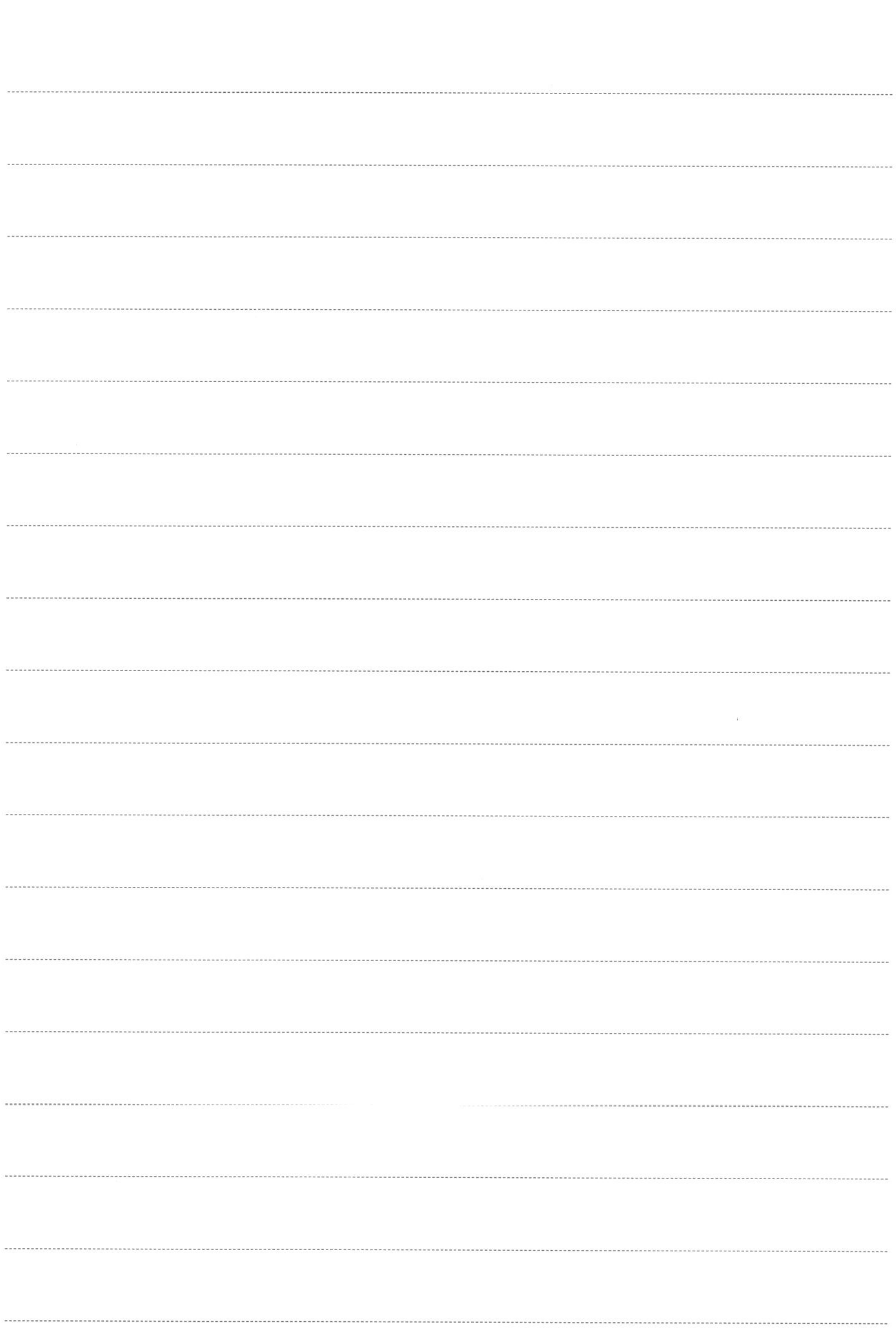

바르고 진실된 안목을 가져라

진실을 거짓으로 보고 거짓을 진실로 보는 것.

이것은 그릇된 견해요, 잘못된 가치관이다.

인생길에 있어서나 모든 면에 이익될 것이 하나도 없다.

진실을 진실로 볼 줄 알고 거짓을 거짓으로 보는 안목이 있는 것.

이것은 올바른 견해요, 바람직한 가치관이다.

인생길에 행복할 것이요, 모든 일에 좋은 일만 생길 것이다.

잠 못 드는 사람에게 밤은 길고

피곤한 사람에게 길이 멀 듯이

진리를 알지 못하는 어리석은 사람에게는

생사의 밤길이 멀고 험하다.

《법구경》

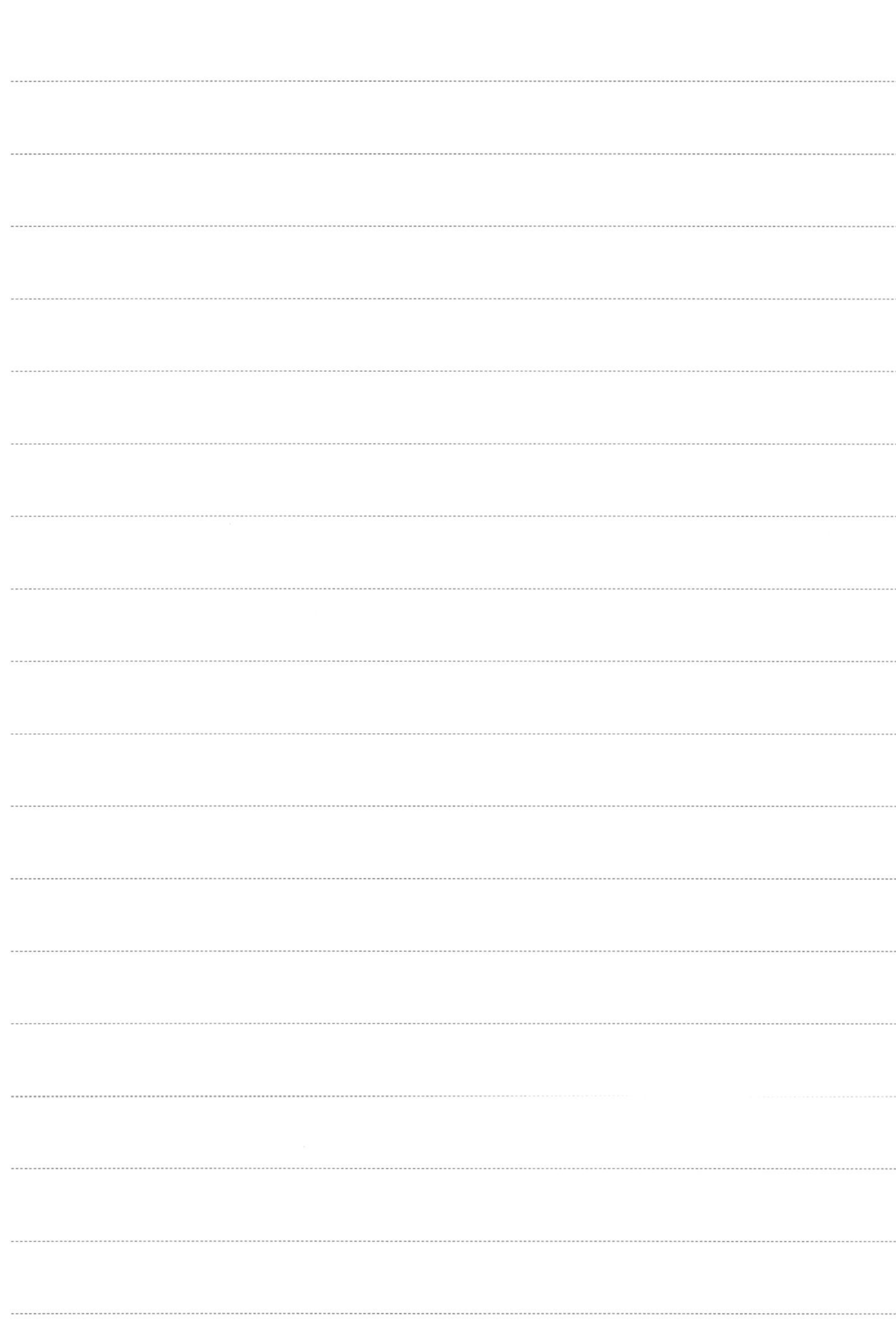

89

인생 최고의 재산

어떤 사람이 부처님께 물었다.

"사람이 살아가는 데 가장 으뜸가는 재산은 무엇인가요?

착하게만 살아간다면 어떤 안락한 보상을 얻을 수 있나요?

세상에서 가장 맛있는 것이 무엇인가요?

그리고 어떻게 사는 것이 최상의 행복인가요?"

부처님께서의 답변하셨다.

"이 세상에서 으뜸가는 재산이란 신뢰이다.

착하게 살면서 덕행을 실천하면 당연히 행복한 과보가 있다.

세상에서 가장 맛있는 것이란 사람 사이에 진실함을 유지하는 것이다.

최상의 행복이란 바로 지혜를 얻어 슬기롭게 사는 것이다."

《숫타니파타》

참 부처를 보는 법

무릇 모든 형상은

다 허망한 존재다.

혹 그 형상을 보되

선입견을 갖지 않고, 관념조차 없이 본다면

참 부처를 볼 수 있다.

《금강경》

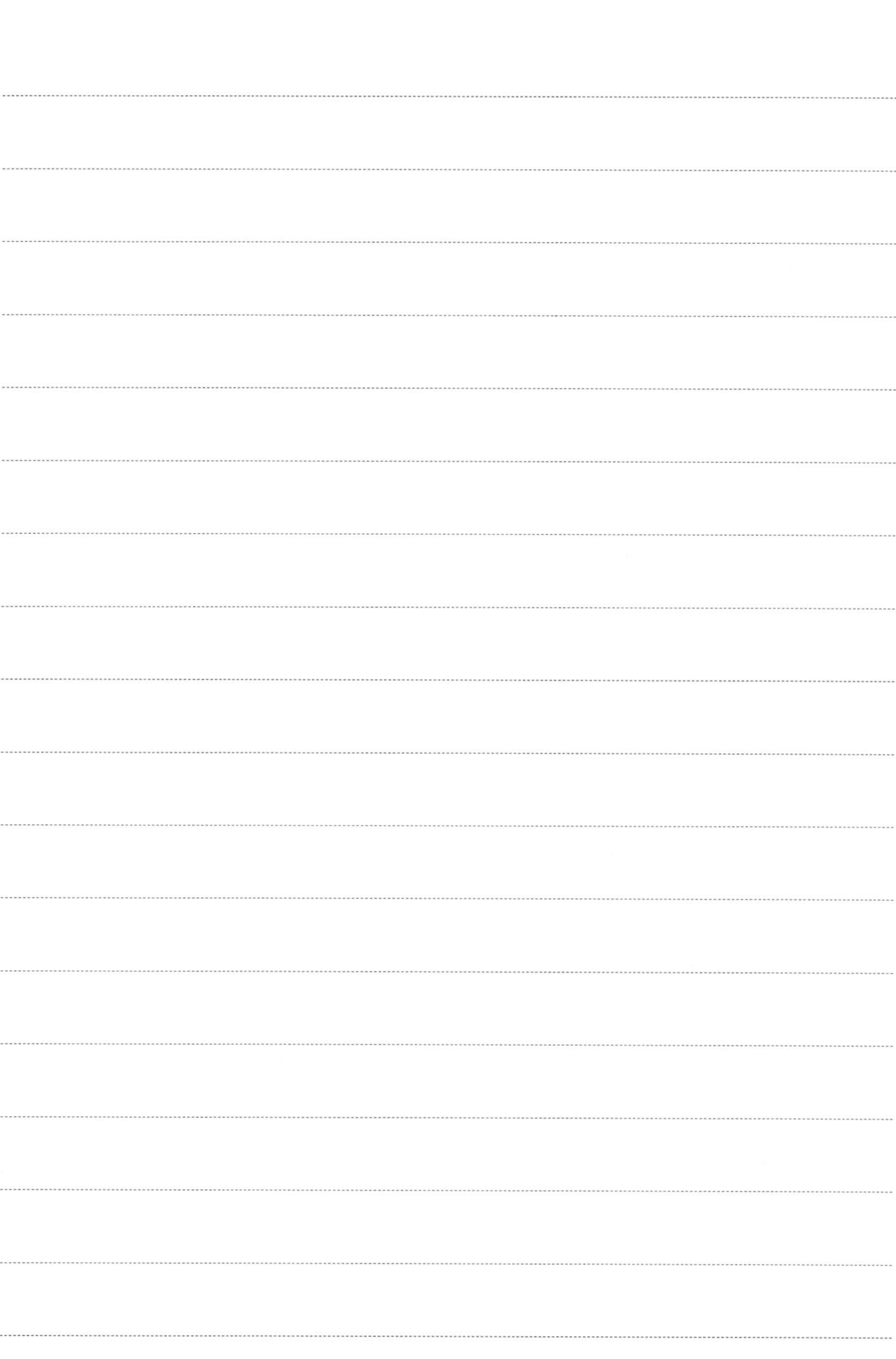

사랑할 날이 얼마 남지 않았다

일본 다쿠앙 스님에게 한 관리가 찾아왔다. 스님이 그 관리에게 무슨 일로 왔느냐고 묻자, 그 관리는 스님에게 이렇게 말했다.

"스님, 제 관직은 아주 재미가 없습니다. 날마다 사람들이 찾아와서 의미 없는 말들만 늘어놓고, 더러는 제게 잘 보이려고 아부하는 말도 많이 합니다. 거의 똑같은 말을 들어야 하고, 어느 때는 따분하기조차 합니다. 너무 따분해서 하루가 정말 1년처럼 느껴질 때도 많습니다. 제가 시간을 어떻게 잘 보내야 할까요?"

다쿠앙 스님은 그 관리의 말을 듣고, 딱 두 마디로 대답하였다.

"오늘은 두 번 다시 돌아오지 않습니다. 잠깐의 시간이라도 귀한 보석처럼 여기십시오."

내가 그 관리에게 덧붙인다면, 이렇게 말하고 싶다.

"누구를 만나더라도 소중한 인연임을 염두에 두세요."

상대와의 인연을 귀하게 여긴다면 당연히 그 시간조차 소중하다고 생각할 것이다. 함께 있는 시간이 지루할 수도 있지만, 그 순간을 어떻게 생각하느냐에 따라 그 시간은 소중한 시간이 될 수도 있고 낭비한 시간이 될 수도 있다.

며칠 전에 모친에게서 전화가 왔다. 얼마의 돈을 송금하겠다고 하시며 근황을 이야기하셨다.

"스님, 내가 감기에 걸린 지 오래됐는데, 낫지 않네요. 아무래도 오래 살지 못할 것 같아요. 그래서 스님에게 서둘러 송금하려고요. 조금 보내니 요긴한 데 쓰세요."

3년 전, 이맘때 부친이 감기가 오래 지속되다 폐렴으로 진단받고 몇 달 만에 돌아가셨다. 모친은 부친과 같은 전철을 밟아 혹 세상을 떠날지 모른다는 두려움이 앞선 듯했다. 모친과 통화를 마치고 며칠간 마음에 잔잔한 파문이 일었다. 혹 모친이 그렇게 세상을 떠난다면 모친과 함께할 시간이 얼마 남지 않았다는 생각 때문이었다. 1년에 두어 번 보는 것이 전부인데, 그마저도 모친이 나에게 찾아오는 경우가 대부분이었다.

인연이 늘 지속될 것 같지만, 언제 어떻게 끊어질지 모르는 것이 무상無常한 삶이다. 사람의 생명을 어찌 보장할 수 있겠는가. 우리는 모두 끝이 정해진 한시적인 인생을 살아간다. 나 역시 작년에 병이 나서 고생한 적이 있다. 병원에서 수여 가지 검사를 하고, 병원에 입원하는 등 생로병사의 고통을 뼈저리게 겪었다. 그러니 내 옆에 있는 사람을 내일 만난다고 어찌 보장할 것인가?

수년 전 몇 지인과 강원도를 다녀왔다. 오랫동안 알고 있던 노스님을 뵙기 위해서다. 노스님은 연세가 80세가 넘었고, 당시 건강이 좋지 않아 병원을 자주 다니셨다. 이런저런 인사차 강원도 깊은 산골에 위치한 사찰을 찾았다. 노스님을 3년 만에 뵈었다. 노스님은 건강하지 않으신데도 우리 일행과 즐겁게 차담을 나누었다. 중간중간 대화를 하는 와중에도 우리들에게 물건을 아낌없이 주셨다.

헤어져 나오려는데, 노스님께서는 이별을 매우 아쉬워했다. 함께 간 지인 중에 한 분이 '내년쯤 또 찾아오겠다'고 인사를 하였다. 그러자 스님은 천진난만한 얼굴로 말씀하셨다.

"또 와요. 아마 다음에 왔을 때는 나를 못 볼지도 모르지!"

그런데 노스님은 몇 달 뒤에 입적하였다. 그때가 노스님과 이생에서의 마지막 만남이었다.

'일기일회'라는 말이 있다. 어떤 일을 하든 사람과의 인연이든 일생一期에 단 한 번의 만남一會이라는 뜻이다. 어느 시간·어느 장소에서건 '바로 지금'은 단 한 번뿐이다.

삶이 길지 않다. 오늘 함께한 사람과 마지막 만남이 될지도 모른다. 나야 홀로이지만, 가족과 함께하는 사람들의 그 '가족'이라는 인연도 영원한 완전체가 아니라 언젠가는 흩어질 모임이다. 그것이 어쩌면 바로 내일일지도 모른다. 우리가 숨 쉬고 살아가는 이 시간이 매일 똑같은 것 같지만, 다시 돌아오지 않는다. 부모와의 인연은 아마 더할 것이다.

…사랑할 날이 얼마 남지 않았다!

91

응무소주 이생기심

관념이나 집착 없이

순수함으로 마음을 내어라.

[응무소주이생기심應無所住而生其心]

《금강경》

두려움은 어디에서 오는가?

집착으로부터 슬픔이 만들어지고
집착 때문에 두려움이 생긴다.
집착을 떨쳐내고 마음이 초연하다면
당연히 슬픔이 사라질 것이다.
그러니 어디에 두려움이 생기겠는가!

갈망으로부터 근심 걱정이 만들어지고
갈망 때문에 두려움이 생긴다.
갈망을 떨쳐내고 마음이 초연하다면
당연히 괴로움이 사라질 것이다.
그러니 어디에 두려움이 생기겠는가!

탐욕으로부터 근심 걱정이 눈덩이처럼 생기고
탐욕 때문에 두려움이 생긴다.
탐욕을 내려놓고 마음을 비운다면
당연히 슬픔이 없을 것이다.
그러니 어디에 두려움이 생기겠는가!

《법구경》

93

사라지지 않는 영원한 복

눈에 보이는 복은 언젠가 끝나지만

진리에서 얻는 복은 영원하다.

진정한 복덕은

말로 설명할 수 없고

형체로 드러낼 수도 없다.

사라지는 복이 있고

사라지지 않는 복이 있다.

명예와 재산은 사라지는 유위복有爲福이요,

진리로 얻은 지혜는 사라지지 않는 무위복無爲福이다.

무위복이야말로 가장 뛰어난 복이다.

《금강경》

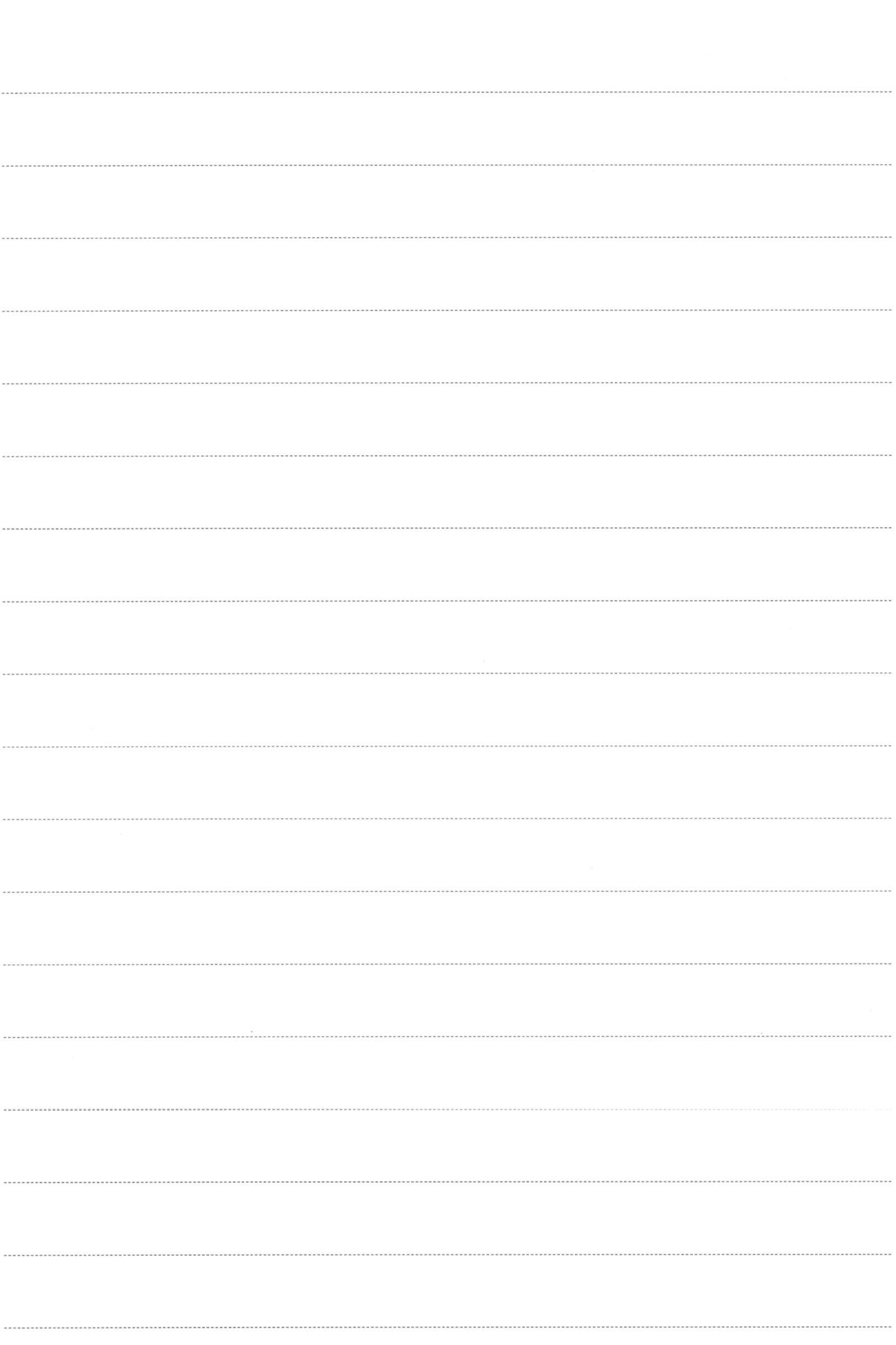

94

화무십일홍 권불십년 花無十日紅 權不十年

사람들은 탐욕으로 재물을 모은다.

재물을 축적한 뒤에는 걱정한다.

'재물을 왕에게 빼앗기지 않을까?

혹 도둑이 들어 훔쳐 가지 않을까?

물에 떠내려가지 않을까?

혹 화재가 발생해 타지 않을까?'

그렇게 걱정한 뒤에 땅에 파묻고 나서 또 걱정한다.

'내가 어디에 두었는지를 잊어버리지 않을까?'

또 걱정한다.

'돈을 빌려주어 이자를 받으려는데, 혹 돈을 떼이지 않을까?'

'못된 자식이 자기 재물을 다 탕진하지 않을까?'

늘 노심초사한 마음으로 편히 지내지 못하다가 결국 다 잃어버린다.

근심 걱정이 끊어지지 않아 괴로워한다.

바로 이것이 탐욕 때문에 큰 화를 당하게 되는 본보기이다.

재물이란 덧없는 것, 사라졌다가 생길 수 있는 것으로서

영원하지 아니하다.

이렇게 물질이란 변하고 덧없는 무상한 법이다.

《증일아함경》

95

열쇠는 그대가 쥐고 있다

어떤 사람이 부처님께 물었다.

"탐욕과 증오는 어디로부터 생기는 겁니까?

좋고 싫다는 것, 그리고 두려움이 어디서부터 생기는 겁니까?

철부지 아이들이 까마귀를 괴롭히듯

사람의 마음을 괴롭히는 불신감은 어디로부터 비롯되는 겁니까?"

부처님께서 말씀하셨다.

"탐욕과 증오는 자기 자신으로부터 생긴다.

좋고 싫다는 것, 그리고 두려움도 모두 자기 자신으로부터 비롯된다.

철부지 아이들이 까마귀를 괴롭히듯

마음을 괴롭히는 것도 모두 자기 자신으로부터 발생한다.

이런 것들은 모두 애착으로부터 생겨나

나무의 새싹처럼 자기 자신 속에서 쑥쑥 자라난다.

이런 것들은 모든 욕망과 연결되어 있다.

마치 넝쿨나무가 사방팔방으로 뻗어 나가는 것과 같다."

《숫타니파타》

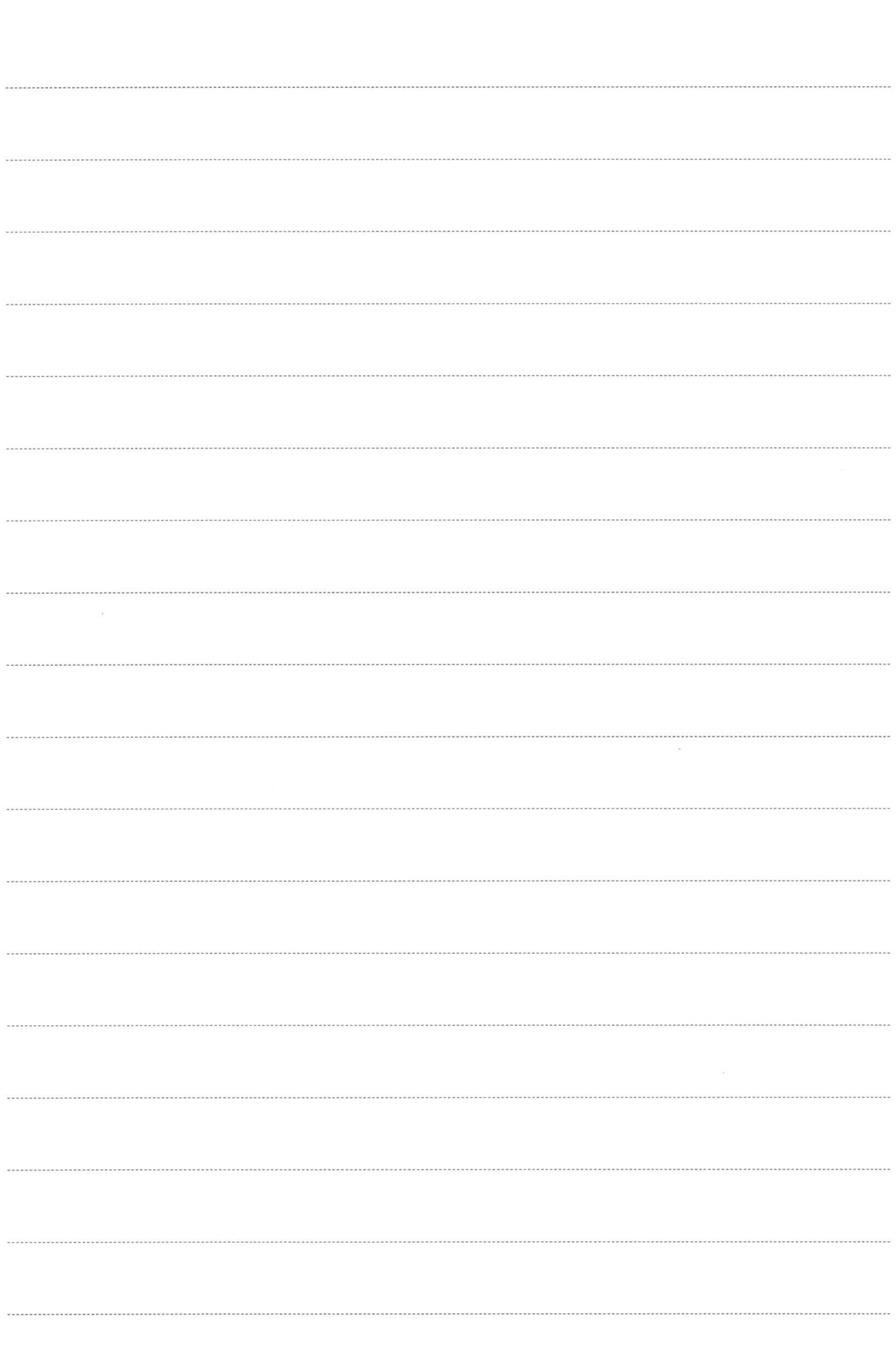

모든 진리는 각각 그 나름대로 최고

최고의 깨달음이라고 하는 것도

획일적으로 '이것이 최상의 깨달음'이라는

일정한 법칙이 없다.

이 법[진리]은 평등해서 높고 낮음이 없다.

《금강경》

총알 맞은 것처럼 괴롭다면

탐욕을 채우고 싶어 안달이 난 사람이

자신의 욕망을 이루지 못하면

그는 화살 맞은 것처럼 괴로워한다.

세상 사람들이

온갖 생존에 대한 그릇된 집착에 얽매여 떨고 있다.

하열한 사람들은 온갖 생존에 대한 망상에서 떠나지 않고

죽음이 코앞에 닥쳐와서야 슬피 운다.

이 세상에 미련을 가지고 집착해도

인간은 죽음을 면치 못한다.

인생은 매우 짧다.

백 년도 못 살고 눈을 감게 되어 있다.

아무리 오래 살려고 발버둥 쳐도 결국 노쇠해 죽어 간다.

《숫타니파타》

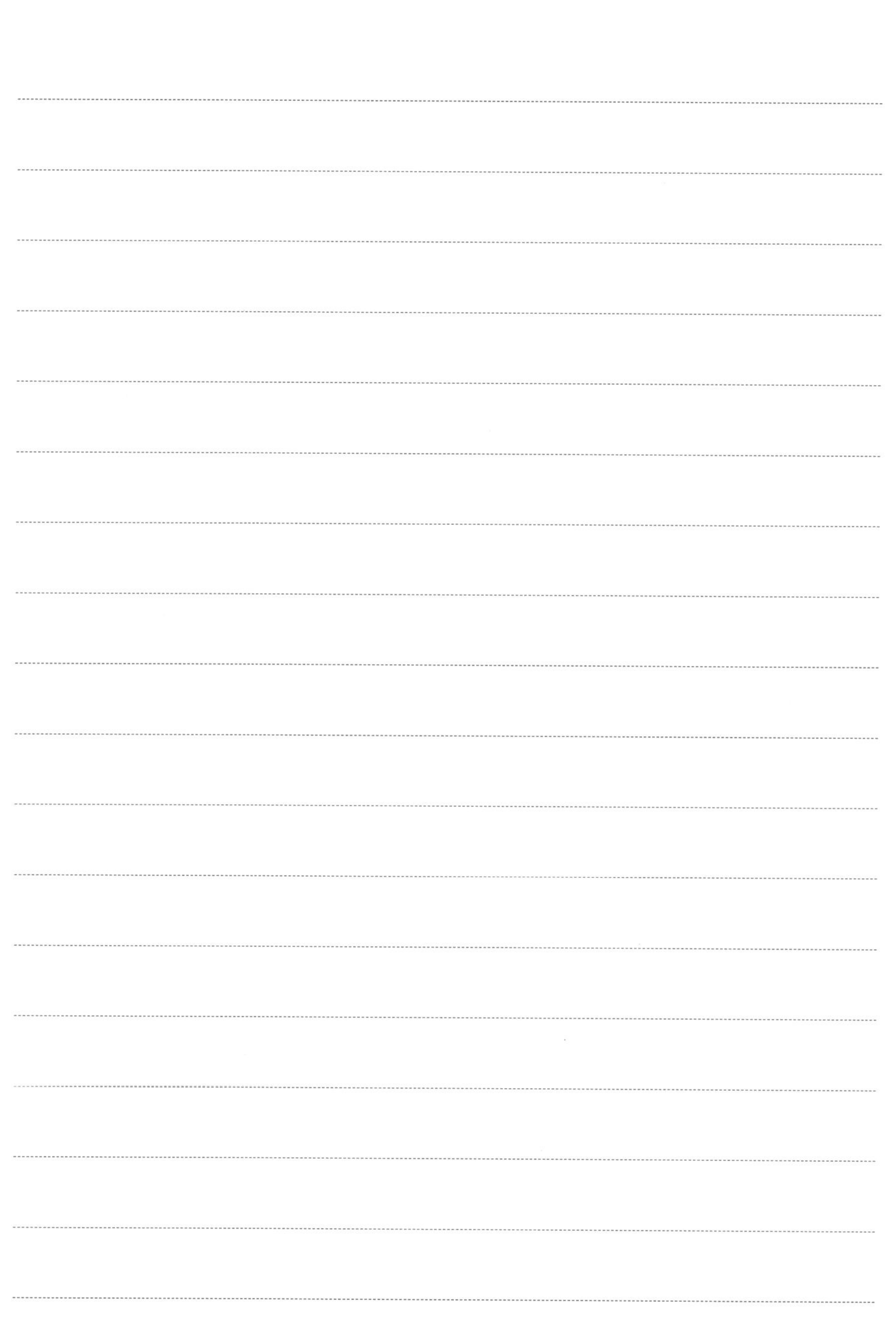

98

마음의 평온을 얻기 위해

빔비사라왕이 싯다르타 왕자가 출가해 고행하고 있는 것을 알고
왕자를 찾아와 이렇게 말했다.
"그대가 누구인지를 잘 알고 있소.
그대는 왕족으로 이제 막 인생 문턱에 들어선 젊은이입니다.
내가 그대에게 군대 총사령관 관직을 주고 재물을 줄 터이니,
출가를 포기하고 다시 세속으로 돌아오는 것이 어떻소?"

왕자[석가모니 부처님]가 대답하였다.
"대왕이여, 제가 부귀영화를 버리고 출가한 것은
욕망을 채우려는 뜻이 아닙니다.
세상의 탐욕은 반드시 불행한 일이 따르기 마련입니다.
나는 마음의 평온을 얻기 위해 출가했고
더욱 정진해 부처가 되려고 합니다."

《숫타니파타》

험한 세상, 함께 가기

험한 여행길에서
자신보다 남을 위하고
조금이라도 베풀 줄 아는 사람이
진정한 보살이다.
이기심만 있고
남에게 베풀 줄 모르는 사람은
죽은 사람이나 다름없다.

《잡아함경》

100

사랑받기 위해 태어난 존재들

살아 있는 생명을 때리고 죽이는 것,

훔치고 사기 치는 것,

남의 아내와 가까이하는 것,

거짓말을 일삼으며 남을 속이는 것,

옳지 못한 음료를 섭취하거나 그릇된 행위 등을 배우는 것,

바로 그런 일이 비린 것이지 육식이 비린 것이 아니다.

난폭하고 잔인하며, 친구를 험담하고 배신하는 것,

오만하고 편견이 심하며, 인색해서 남에게 베풀지 않는 것,

바로 그런 행위가 비린 것이지 육식이 비린 것이 아니다.

'저들도 나와 똑같은 귀중한 생명을 가진 존재구나'라고 생각하라.

다른 사람을 자신과 동일하게 생각하여

살아 있는 존재를 함부로 죽여서도 안 되며

또한 남을 시켜서 죽게 해서도 안 된다.

《숫타니파타》

  5장 · 오늘을 귀중하게 여기며 살라

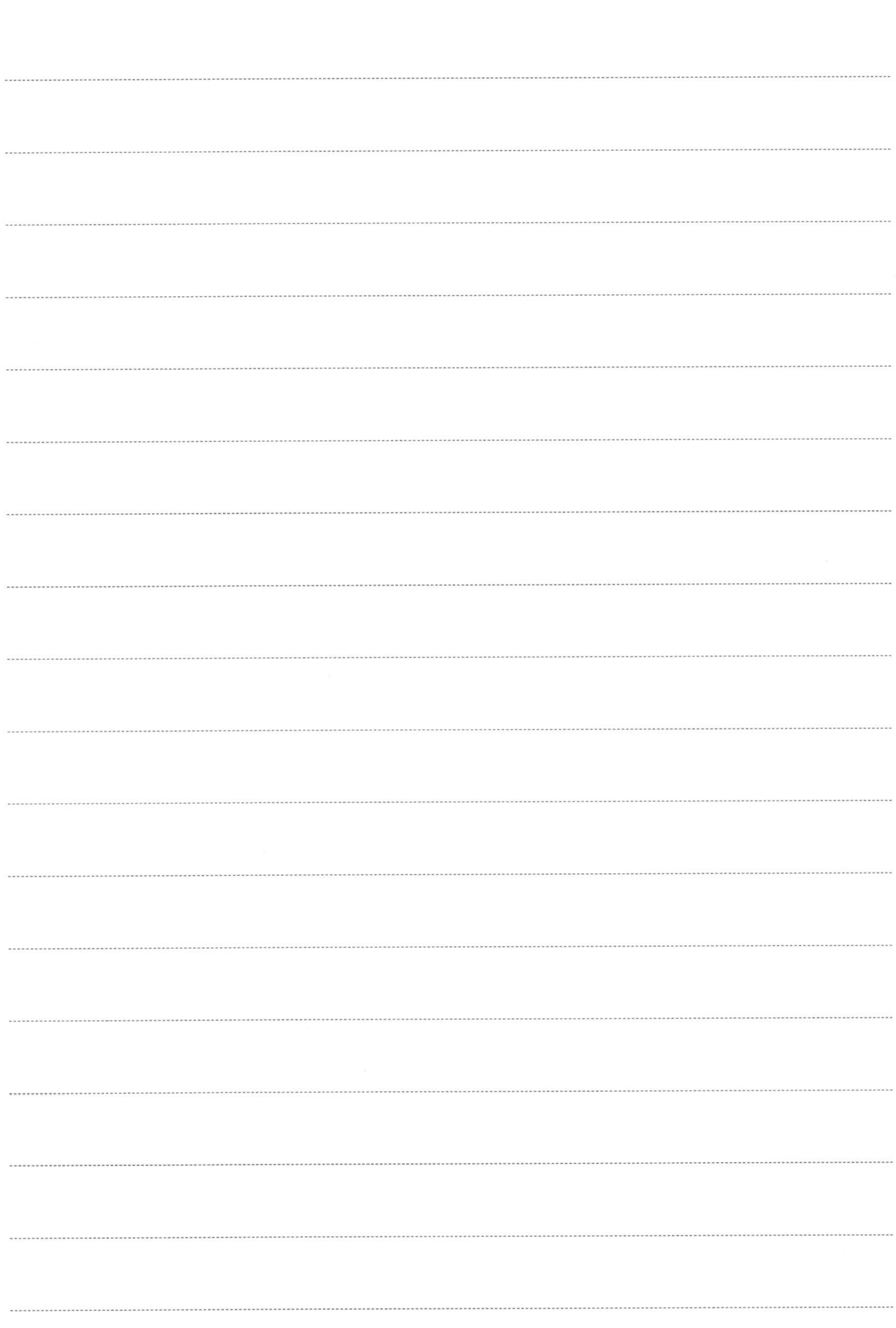

삶의 과정 과정이 행복 지점

한 배우가 인터뷰를 하였다. 진행자가 이렇게 물었다.

"인생의 어른으로서 막막해하는 요즘 세대들에게 인생을 어떻게 살아야 하는지, 한마디 해 주십시오."

"우리 사회는 1등이 아니면 안 될 것처럼 흘러가는 때가 많습니다. 1등만이 출세하고 2등은 필요 없어요. 그런데 2등은 1등에게는 졌지만, 3등에게는 이긴 겁니다. 그러니 우리 모두 다 승자인 셈이죠."

나는 이 배우의 말씀에 백분 공감한다. 종종 가수 오디션 프로그램을 홍보하는 장면을 보면 늘 이런 생각이 든다. 1등 한 사람에게만 큰 상금을 준다. 그럴 때마다 이런 의문이 생긴다.

'2등 한 사람도 거기까지 오르기 위해 얼마나 노력을 하고 힘들었을 텐데, 왜 1등에게만 상금을 몰아줄까?'

어쩌면 한국 사회가 오랜 역사 속에서 늘 고통을 겪으며 살아온 민족이기 때문에 누군가에게 짓밟히지 않으려면 반드시 1등을 해야 한다는 강박관념이 생긴 것은 아닐까 생각해 본다. 그러나 무조건 최고의 자리에 올라야 한다는 강박은 스트레스와 절망을 낳고, 때로는 극단적인 선택의 원인이 되기도 한다.

실제로 1등에게만 영광이 돌아가고, 2등 이하는 패배처럼 여겨지는 분위기에서 성적을 비관해 스스로 목숨을 끊는 학생들도 적지 않다. 통계를 보면 그런 학생들 가운데는 오히려 성적이 상위권인 학생들이 많다.

그렇다면 한번 생각해 보자. 좋은 대학에 합격하고, 회사에서 초고속으로 승진해 임원이 되며, 돈을 많이 벌어 큰 집을 사고, 남들이 부러워하는 '사'자 직업을 얻었다고 하자. 인간이 그 목적지에 도달하면 만족할까? 나는 그렇지 않다고 본다. 또 남들보다 더 높은 위치에 오르기 위해 새로운 욕망을 꿈꾼다. 그러니 인생 내내 쉴 날이 없는 셈이다.

자! 그러니 그 목적지가 아니라 힘들게 달려온 그 한 발 한 발의 과정을 소중히 여기자. 높은 산의 정상에 오를 수 있는 것도 한 걸음 한 걸음이 쌓여 이루어지는 법이다. 정상에 도착한 순간, 그 자리만이 승리한 성공이 아니라 그곳을 향해 오른 한 발 한 발의 과정도 이미 성공이다.

어린 학생들에게는 공부해서 1등만이 최고라고 말할 필요는 없다. 노력한 만큼 충분히 칭찬받아야 하며, 어느 누구나 자신만의 그릇이 있음을 알려 주어야 한다. 설령 남들보다 부족했더라도 노력한 만큼의 가치가 있는 것이라고 위로하고 격려해야 한다.

행복은 어느 목적지에만 있는 것이 아니다. 살아가면서 과정에서 어

느 순간도 소중하지 않은 때가 없다. 그 과정 과정이 행복의 자리다. 욕

심을 조금만 내려놓으면 된다.

석가모니 부처님 (B.C. 563?~483?)

인류 역사상 가장 많은 사람의 마음을 바꾼 스승. 세 가지 이름으로 불린다. 태어날 때 이름은 고타마 싯다르타, 왕자였고 인간이었고 늙음과 병듦과 죽음 앞에서 번민했던 한 사람이었다. 깨달음을 얻은 뒤에는 석가모니라 불렸다. '석가족의 성자'라는 뜻이다. 그리고 그가 도달한 상태, 누구나 이를 수 있는 그 깨어남의 자리를 부처라 한다.

스물아홉에 궁궐을 떠나 6년간 고행한 끝에 보리수 아래서 깨달음을 얻었다. 이후 45년간 인도 각지를 걸으며 가르침을 펼쳤고, 그 말씀이 제자들에 의해 기록되고 후대에 쌓여 오늘날 수천 권의 경전이 되었다.

편역 정운

대한불교 조계종 승려이며, 불교학자이다. 대승불전연구소 소장이며, 조계종단의 교육아사리로서 승려 교육과 불교학 연구를 병행하고 있다. 동국대학교, 중앙승가대학교 등에서 외래교수를 역임했다.

운문승가대학을 졸업하고 대원사 선방 등에서 안거를 성만했으며 미얀마에서 1년여간 수행했다. 조계종 교육원 불학연구소장을 역임했고 운문승가대학 명성스님으로부터 전강을 받았다. 동국대학교에서 박사 학위를 받은 이후 20여 년간 대학에서 불교를 가르치며 다양한 경전을 연구하고 있다.

오랜 연구와 수행을 바탕으로, 불교를 일부의 공부에 머무르게 하지 않고 모두의 삶에서 살아 있게 하는 데 힘쓰고 있다. 이 책에서는 수많은 경전 가운데 지금 우리에게 필요한 문장 100구절을 가려 뽑고, 손으로 옮겨 쓰며 마음을 닦을 수 있도록 다듬어 엮었다.

저서로 《부처의 인생 조언》, 《법구경 마음공부》 등 26권이 있으며 학술 등재지에 40여 편의 논문을 게재했다.

흐트러진 마음을 하나로 모아 주는 부처님 말씀

스님의 필사책

ⓒ 정운 2026

인쇄일 2026년 4월 10일
발행일 2026년 4월 17일

편역 정운
펴낸이 유경민 노종한
책임편집 이현정
기획편집 유노북스 이현정 이소연
기획마케팅 우현권 전예원 김민선 이충원
디자인 남다희 허정수
기획관리 차은영
펴낸곳 유노콘텐츠그룹 주식회사
법인등록번호 110111-8138128
주소 서울시 마포구 동교로17안길 51, 유노빌딩 3~5층
전화 02-323-7763 **팩스** 02-323-7764 **이메일** info@uknowbooks.com

ISBN 979-11-7183-167-8 (03100)